EL LIBRO NEGRO DE LAS FRANQUICIAS

Víctor Hernández Marruedo

EL LIBRO NEGRO DE LAS FRANQUICIAS

Tu guía paso a paso de cómo abrir tu propia franquicia. Lo que nunca te han contado y deberías saber si te estás planteando emprender.

EDITORIAL
LETRA MINÚSCULA

Primera edición: junio de 2024
ISBN: 978-84-10392-49-6

Editado por Editorial Letra Minúscula
www.letraminuscula.com
contacto@letraminuscula.com

ÍNDICE

PRÓLOGO

INTRODUCCIÓN AL MUNDO DE LAS FRANQUICIAS: MITOS Y REALIDADES

El emprendimiento es una carrera llena de decisiones críticas, riesgos calculados y, en ocasiones, sorpresas inesperadas. Dentro de este universo de oportunidades, el modelo de franquicias se erige como un faro de esperanza para muchos aspirantes a empresarios, prometiendo una combinación de autonomía operativa y el respaldo de marcas ya establecidas. Sin embargo, al igual que el mar en calma que precede a la tormenta, el mundo de las franquicias alberga profundidades y corrientes ocultas que el ojo inexperto podría no percibir a primera vista. Este libro, *El libro negro de las franquicias*, se propone ser el faro que ilumine esas aguas turbias, desentrañando los mitos y exponiendo las realidades del emprendimiento a través de las franquicias.

El atractivo de las franquicias no es difícil de entender. Para el emprendedor novato, representan un camino aparentemente seguro hacia el éxito empresarial, ofreciendo una marca reconocida, un modelo de negocio probado y soporte continuo. No obstante, detrás de estas promesas se esconden una compleja red de desafíos, compromisos financieros y obligaciones contractuales que pueden variar enormemente de una franquicia a otra. Lo que a menudo se presenta como una «oportunidad de negocio llave en mano», puede en realidad venir acompañada de restricciones operativas, tarifas ocultas y un margen de maniobra limitado para la creatividad empresarial.

Este libro se adentra en el corazón del modelo de franquicia, equipando a los potenciales franquiciados con el conocimiento necesario para navegar en este complejo ecosistema. A través de sus páginas, desmitificaremos la noción de que las franquicias son una apuesta segura, libre de los desafíos inherentes al emprendimiento independiente. Exploraremos la diversidad de experiencias, desde casos de éxito que inspiran hasta lecciones aprendidas de fracasos dolorosos, ofreciendo una visión equilibrada.

La decisión de emprender a través de una franquicia debe ser informada no solo por el brillo del éxito potencial sino también por la comprensión de los riesgos y las realidades operativas. Al revelar tanto las ventajas como las dificultades, este libro busca preparar al lector para tomar decisiones fundamentadas, con los ojos bien abiertos a las posibilidades y a los peligros.

El libro negro de las franquicias es, en esencia, una guía para el aspirante a franquiciado, un manual de supervivencia en el mundo de las franquicias desde la experiencia del autor, que ha tenido la oportunidad y valentía de emprender tanto con este modelo como creando su propia marca. El libro, al desentrañar los secretos y exponer las verdades ocultas, aspira a ser un recurso indispensable para quien quiera emprender este viaje, asegurando que cada paso hacia el emprendimiento en franquicias se dé con confianza, conocimiento y una perspectiva realista.

Bienvenidos al mundo de las franquicias: un terreno fértil para el emprendimiento, pero no exento de sus trampas y desafíos. Este libro es su mapa y su brújula; úsenlos sabiamente para navegar hacia el éxito.

CAPÍTULO 1
COMPRENDIENDO EL MODELO DE FRANQUICIA

HISTORIA Y EVOLUCIÓN DE LAS FRANQUICIAS

El concepto de franquicia, tal como lo conocemos hoy, tiene sus raíces en la Edad Media, pero fue en el siglo XIX-cuando comenzó a tomar una forma más reconocible. Sin embargo, no fue hasta el siglo XX que el modelo de franquicia experimentó una verdadera transformación, evolucionando de simples acuerdos de distribución a sistemas complejos de negocios que abarcan casi todos los sectores imaginables. Desde las primeras franquicias de concesionarios de automóviles y estaciones de servicio hasta los gigantes de la comida rápida y los hoteles que dominan el paisaje hoy en día, el modelo de franquicia ha demostrado ser un motor de crecimiento económico y una vía para la expansión empresarial.

CÓMO FUNCIONA EL MODELO DE FRANQUICIA: DERECHOS Y OBLIGACIONES

El modelo de franquicia es un acuerdo contractual entre dos partes principales: el franquiciador y el franquiciado. El franquiciador posee la marca y el sistema de negocio, mientras que el franquiciado paga por el derecho a operar una franquicia bajo esta marca y sistema. Este acuerdo otorga al franquiciado el acceso a una marca establecida, un modelo de negocio probado, formación y soporte continuo. A cambio, el franquiciado generalmente paga una tarifa inicial de franquicia y regalías continuas, que suelen ser un porcentaje de los ingresos o ventas.

Los derechos y obligaciones de ambas partes están detalladamente estipulados en el contrato de franquicia. El franquiciador se compromete a proporcionar soporte en áreas como capacitación, *marketing* y desarrollo de productos. Por su parte, el franquiciado debe adherirse a los estándares operativos y de calidad del franquiciador, contribuir al *marketing* de la marca y reportar operaciones de manera regular.

DIFERENTES TIPOS DE FRANQUICIAS: PROS Y CONTRAS

FRANQUICIA DE PRODUCTO O DISTRIBUCIÓN (B2B):

Una franquicia de producto o distribución en el contexto B2B (*business-to-business*) se refiere a un tipo de acuerdo de franquicia donde el fabricante (franquiciador) permite a ciertas empresas (franquiciados) vender sus productos bajo la misma marca. Este tipo de franquicia es común en la industria de fabricación, donde un fabricante produce productos y los distribuye a través de una red de distribuidores franquiciados que venden los productos a los consumidores finales o a otras empresas.

Un ejemplo de franquicia de producto en un contexto B2B podría ser la relación entre un fabricante de equipos de computación, como HP, y sus distribuidores. HP fabrica ordenadores, impresoras y otros dispositivos relacionados.

›› Pros

Facilidad de entrada al mercado: al distribuir productos de marcas ya reconocidas, los franquiciados pueden capitalizar la lealtad existente hacia esos productos.

Menor necesidad de *marketing*: la marca y los productos ya son conocidos, lo que puede reducir la necesidad y el costo de las estrategias de *marketing* intensivas.

‹‹ Contras

Competencia intensa: la distribución de productos populares puede enfrentarse a una competencia feroz, tanto de otras franquicias como de vendedores independientes.

Vulnerabilidad a las fluctuaciones del mercado: los cambios en la demanda de los productos distribuidos pueden afectar significativamente a la franquicia.

Ejemplo: franquicias de distribución de bebidas energéticas o distribuidores autorizados de marcas de automóviles como Ford o Toyota.

FRANQUICIA DE FORMATO DE NEGOCIO (B2C):

Una franquicia de formato de negocio en el contexto B2C (*business-to-consumer*) se refiere a un modelo en el cual el franquiciador ofrece al franquiciado un sistema completo para operar un negocio, no solo el derecho a vender un producto o servicio específico. Esto incluye la marca, los procedimientos operativos, el diseño y la disposición del punto de venta, *marketing*, formación y soporte continuo. El objetivo es que cada franquicia ofrezca una experiencia uniforme y de calidad al consumidor final, independientemente de su ubicación.

Un ejemplo de empresa española que opera bajo el modelo de franquicia de formato de negocio en el ámbito B2C es Telepizza. Telepizza es una cadena de pizzerías que se originó en España y que se ha expandido a varios otros países a través del modelo de franquicia. Cada franquicia de Telepizza sigue los mismos estándares y procesos para la preparación de alimentos, servicio al cliente y *marketing*, asegurando así que los clientes tengan una experiencia consistente en cualquier ubicación.

▸▸ Pros

Reconocimiento instantáneo de la marca: las franquicias como McDonald's o Starbucks ofrecen un reconocimiento de marca inmediato, lo que puede atraer clientes desde el primer día.

Acceso a economías de escala: las compras en grupo y los acuerdos corporativos pueden reducir los costos de inventario y suministros.

◂◂ Contras

Menor flexibilidad: las políticas corporativas pueden limitar la capacidad del franquiciado para adaptarse a las preferencias locales o para innovar.

Riesgo de saturación: en áreas con muchas franquicias similares, el mercado puede saturarse, limitando el potencial de crecimiento de nuevas franquicias.

Ejemplo: cadenas de restaurantes rápidos como Burger King o cafeterías como Vivari.

FRANQUICIA DE CONVERSIÓN (B2B O B2C):

Una franquicia de conversión es un modelo en el cual un negocio existente decide unirse a una franquicia para aprovechar su marca, sistemas y soporte, mientras mantiene cierta independencia operativa. Este modelo es común tanto en B2B (*business-to-business*) como en B2C (*business-to-consumer*) y permite que el negocio franquiciado se beneficie de la reconocida marca, los sistemas probados y la red de apoyo de la franquicia, lo que puede conducir a un crecimiento más rápido, una mayor eficiencia y un incremento en la clientela.

Un ejemplo de empresa española que utiliza el modelo de franquicia de conversión es Fersay. Fersay es una compañía especializada en la venta de accesorios y repuestos para electrodomésticos y electrónica. A través de su modelo de franquicia, permite que tiendas independientes de reparación y venta de electrodomésticos se conviertan en franquiciados de Fersay.

▸▸ Pros

Aprovechamiento de la clientela existente: los negocios existentes pueden convertirse en franquicias sin perder su base de clientes actual.

Transición más suave: la experiencia previa en el negocio puede facilitar una transición más suave a la operación de franquicia.

◂◂ Contras

Resistencia al cambio: tanto los empleados como los clientes pueden resistirse a los cambios asociados con la conversión a una franquicia.

Costos ocultos de la conversión: adaptar un negocio existente a los estándares de una franquicia puede revelar costos inesperados, como renovaciones o actualizaciones de sistemas.

Otros ejemplos: agencias inmobiliarias que se convierten en parte de una red más grande, como Century 21, o tiendas de alimentación que se unen a franquicias, como Eroski o Carrefour Express

FRANQUICIA DE ÁREA O MÁSTER FRANQUICIA (B2B2C):

Una franquicia de área o máster franquicia es un modelo en el que el franquiciador (propietario de la marca) otorga a un individuo o empresa (el máster franquiciado) los derechos exclusivos para desarrollar y gestionar la franquicia en un territorio específico. Este modelo es B2B2C, porque involucra un acuerdo comercial entre dos negocios (B2B: el franquiciador y el máster franquiciado) que luego venden productos o servicios al consumidor final (B2C).

Un ejemplo de empresa española que utiliza el modelo de franquicia de área o máster franquicia es Mango, una reconocida marca de moda. Mango ha expandido su presencia internacionalmente mediante el uso de franquicias de área, donde asigna a un máster franquiciado el derecho de abrir múltiples tiendas en un país o región determinada. El máster franquiciado de Mango se encarga de la operación y desarrollo de la marca en ese territorio específico, incluyendo la apertura de nuevas tiendas, la gestión de las existentes y la adaptación de la estrategia de *marketing* y ventas a las condiciones locales, mientras se mantiene alineado con los estándares y políticas de la marca global.

▸▸ Pros

Oportunidades de ingresos pasivos: a través de las regalías generadas por las subfranquicias, los másteres franquiciados pueden obtener ingresos pasivos significativos.

Control sobre la expansión regional: los másteres franquiciados pueden influir en la estrategia de expansión y desarrollo de la marca dentro de su territorio.

◂◂ Contras

Complejidad administrativa: gestionar múltiples subfranquicias requiere una capacidad administrativa y de supervisión considerable.

Riesgo financiero elevado: la inversión inicial grande y los riesgos asociados con la gestión de múltiples ubicaciones pueden ser desalentadores.

Al considerar cualquier tipo de franquicia, es crucial realizar un análisis exhaustivo que incluya no solo las ventajas y desventajas generales, sino también cómo estas se alinean con tus habilidades, objetivos y circunstancias específicas. Cada tipo ofrece oportunidades únicas, pero también viene con sus propios desafíos y riesgos. La elección adecuada dependerá de una evaluación cuidadosa de estos factores, junto con una planificación y preparación meticulosas.

Cada tipo de franquicia ofrece un camino único hacia el emprendimiento, con niveles variados de riesgo, inversión y potencial de ganancia. La elección depende de las metas, recursos y el nivel de compromiso del potencial franquiciado. Comprender profundamente estas diferencias es crucial para tomar una decisión informada y alinear las expectativas con la realidad de las franquicias.

CAPÍTULO 2
POR DÓNDE EMPEZAR ANTES DE ABRIR UNA FRANQUICIA

Elegir una franquicia es uno de los pasos más críticos en el viaje hacia el emprendimiento. Esta decisión no solo determinará el tipo de negocio que vas a operar, sino también el marco dentro del cual deberás trabajar durante años. Por tanto, una investigación exhaustiva y un entendimiento profundo de lo que implica la franquicia son esenciales antes de firmar cualquier contrato.

La elección de la franquicia tampoco es algo menor. Si no conoces un sector, seguramente tu inexperiencia te juegue una mala pasada en el camino hacia el éxito. Por ejemplo, si no tienes ni idea de la hostelería, no es recomendable abrir un restaurante.

Pongo este ejemplo porque durante muchos años había soñado con tener mi propio restaurante. Hasta que, hablando con mi padre un día mientras veía un conocido programa sobre restaurantes, me hizo la siguiente reflexión: «Si quieres abrir un restaurante, tienes que ser el cocinero, él es el alma del lugar y si no eres tú, el alma va y viene». Y es que la gente va a un restaurante por su comida, no por las sillas y las mesas.

Está claro que no tiene por qué siempre ser así, pero mi aspiración era tener un negocio familiar, más enfocado al autoempleo, yo no sabía cocinar y mis padres tenían su propia vida.

Con esto no quiero decir que no puedas hacer lo mismo, simplemente fue una reflexión con la que acabé tomando una decisión: «No abrir un restaurante».

ELIGE EL SECTOR EN EL QUE QUIERES EMPRENDER Y DESARROLLARTE

El primer paso crucial antes de embarcarte en el camino del emprendimiento es seleccionar el sector en el que deseas establecerte. Esta decisión sienta las bases para todas las etapas posteriores del proceso empresarial. Aquí hay algunas consideraciones importantes para ayudarte a elegir el sector adecuado:

- **Intereses y pasiones personales:** identifica tus intereses, pasiones y habilidades. ¿Qué te apasiona hacer? ¿En qué áreas tienes experiencia previa o conocimientos especializados? Elegir un sector que te entusiasme aumentará tu motivación y compromiso a largo plazo.
- **Demanda del mercado:** investiga la demanda del mercado en diferentes sectores. ¿Hay una necesidad insatisfecha que puedas abordar? ¿Cuáles son las tendencias y oportunidades emergentes en diferentes industrias? Considera también la estabilidad y el crecimiento del sector a lo largo del tiempo.
- **Regulaciones y barreras de entrada:** investiga las regulaciones y las barreras de entrada en cada sector. ¿Hay requisitos legales o regulatorios específicos que debas cumplir? ¿Cuál es el costo inicial de ingresar al sector y cuáles son los obstáculos que podrías enfrentar?
- Por ejemplo, está el caso del CBD, un sector en auge que a su vez conlleva muchos riesgos al estar sujeto a

regulaciones sobre el consumo del cannabis, que está siempre en el foco de discusión por parte de los políticos.

- **Rentabilidad y potencial de crecimiento:** evalúa la rentabilidad y el potencial de crecimiento en cada sector. ¿Cuáles son las proyecciones de crecimiento a largo plazo? ¿Cuál es el retorno esperado de la inversión y el tiempo necesario para alcanzar la rentabilidad?

Recuerda que elegir el sector adecuado es el primer paso hacia el éxito empresarial y puede marcar la diferencia en el futuro de tu negocio.

Una vez has respondido todas estas preguntas y has reflexionado sobre ellas lo suficiente como para elegir un sector y seguir adelante con la idea de emprender... ¡Enhorabuena! Ya estás preparado para dar el siguiente paso.

CÓMO INVESTIGAR UNA FRANQUICIA ANTES DE INVERTIR. GUÍA PASO A PASO

La decisión de invertir en una franquicia es significativa y requiere una investigación profunda y meticulosa. Aquí te presentamos una guía paso a paso, incluyendo herramientas y recomendaciones para ayudarte a realizar un análisis exhaustivo antes de tomar una decisión.

PASO 0: LISTAR LAS FRANQUICIAS DEL SECTOR QUE HAS ELEGIDO

Lo primero que debes hacer es conocer toda la información posible de los diferentes jugadores que hay en el tablero de juego, en este caso todas las franquicias del sector que has elegido y hacer el mismo ejercicio para todas.

Puedes encontrar listados de franquicias en páginas como 100franquicias.com, mundofranquicia.com, franquiciasfranquishop.es, además de poder asistir a ferias de franquicias para conocer de primera mano información relevante de cada una de ellas e interactuar con su personal para hacerles preguntas directamente.

Además de franquicias, hay otros jugadores en el tablero de juego: las empresas de ese sector que no ofrecen la posibilidad de franquiciarse, pero que serán a su vez tus competidores directos.

PASO 1: INVESTIGACIÓN DEL HISTORIAL Y REPUTACIÓN DEL FRANQUICIADOR

Parece una tontería, pero no lo es. A pesar de la anterior reflexión que comentaba sobre abrir un restaurante, estuve a punto de invertir en un restaurante de sushi. Se unían dos de mis grandes pasiones, la comida y el sushi.

Un conocido grupo hostelero ofrecía la posibilidad de entrar como coinversor en sus franquicias de restaurantes. De esta forma, en vez de ser el franquiciado directo, era la forma en la que ayudaba a financiar la apertura de nuevos restaurantes. Bien, tras revisar los diferentes restaurantes de las diferentes marcas de la franquicia, y con especial foco en los restaurantes de sushi, salí corriendo de allí.

Las opiniones de los clientes sobre la calidad del producto, el alto precio que se pagaba por ellos y el desconocimiento de los chefs sobre elaborar «sus propias recetas» les daban puntuaciones medias por debajo del 2,5 sobre 5 en Google. Esto era una clara señal de que algo no iba bien.

Herramientas y recursos

Utiliza LinkedIn para investigar el historial profesional de los fundadores y directivos del franquiciador.
Busca reseñas y testimonios en Google, Yelp, Trustpilot o TripAdvisor.

Recomendaciones

Contacta directamente a franquiciados actuales y anteriores. Prepara una lista de preguntas específicas sobre su experiencia, el soporte recibido y su satisfacción general. Si puedes, haz de *mistery shopper* o ve a alguna de las franquicias y preséntate.
Investiga noticias y artículos sobre la franquicia para obtener una visión más amplia de su posición en el mercado. Busca en Google y Google News información sobre la franquicia.

PASO 2: ANÁLISIS DE MERCADO

Un análisis de mercado es una evaluación exhaustiva de las condiciones y características de un mercado específico en el que una empresa planea operar. Este análisis proporciona información crucial que ayuda a comprender mejor el entorno empresarial y a tomar decisiones estratégicas fundamentadas.

Desarrollar un análisis DAFO es crucial para entender cuáles son las debilidades, amenazas, fortalezas y oportunidades.

Herramientas y recursos

Usa Google Trends y herramientas de análisis de mercado para entender las tendencias del sector.

Implementa herramientas de análisis demográfico como INE (Instituto Nacional de Estadística) para comprender el mercado objetivo.

Recomendaciones

Siempre que sea posible, visita personalmente las ubicaciones de la franquicia y observa el flujo de clientes. Fíjate bien en las características de la zona para entender por qué tiene ese flujo de clientes.

Analiza a la competencia directa en la zona, evaluando sus fortalezas y debilidades en comparación con la franquicia que consideras.

Bola extra: haz un *benchmarking* de productos y precios. Esto te ayudará a entender la viabilidad del negocio y la competencia existente.

PASO 3: EVALUACIÓN DEL SOPORTE Y FORMACIÓN

En el paso 1 ya dejaba entrever la importancia de la formación. Una cadena de restaurantes donde los chefs no se saben las recetas y van excesivamente lentos es sinónimo de fracaso. Malas puntuaciones de los usuarios, sin recurrencia de clientes y siempre ante la necesidad de captar nuevos. Es un desgaste difícil de llevar y solo al alcance de las grandes marcas.

Herramientas y recursos

Solicita al franquiciador ejemplos concretos y materiales de su programa de formación.

Consulta foros específicos de franquicias, como franquiciadirecta.com, para leer experiencias sobre el soporte y la formación proporcionada.

Recomendaciones

Prioriza franquicias que ofrezcan programas de formación integral y soporte continuo. Desde actualización sobre productos/servicios hasta formación en técnicas de ventas.

Pregunta sobre actualizaciones de formación y cómo se gestiona el soporte continuo a medida que evoluciona el negocio.

PASO 4: ANÁLISIS DE LA ESTRUCTURA FINANCIERA

El análisis de la estructura financiera es crucial al elegir una franquicia, ya que te permite entender la viabilidad económica y los requisitos financieros del negocio que estás considerando. Por ejemplo, tener en cuenta regalías, tarifas de franquicia, amortizaciones, estimaciones de ingresos y gastos.

Herramientas y recursos

Utiliza herramientas financieras como Excel para crear proyecciones financieras basadas en la información proporcionada por la franquicia.

Consulta con un contable o asesor financiero especializado en franquicias para una evaluación detallada.

Recomendaciones

Solicita y revisa cuidadosamente la documentación de rentabilidad de la franquicia. Este documento es crucial para entender los costos, regalías y cualquier otro gasto asociado.

Prepara un plan financiero detallado, incluyendo un análisis de punto de equilibrio, para determinar cuándo podrías comenzar a ver una rentabilidad.

Analiza los estados de resultados de franquicias existentes similares para evaluar la rentabilidad potencial.

Presta especial atención a las variaciones entre diferentes ubicaciones o regiones, si están disponibles.

PASO 5: COSTOS E INVERSIONES INICIALES

Luego lo veremos, pero no únicamente debes tener en cuenta los costes asociados a la cuota de entrada de la franquicia, además la elección del local es un asunto crítico y puede hacer que los costes se disparen.

Esta sección detalla todos los costos asociados con el inicio y la operación inicial de la franquicia, incluidas las tarifas de franquicia, costos de equipamiento, inventario inicial, licencias, obra civil, suministros... Muchas veces no se tienen en cuenta y pueden ser un problema. Por otro lado, en ocasiones puede ser más rentable un local económico que requiera de una obra civil ligeramente superior al inicio, que un alquiler a largo plazo que se convierta en una carga mayor.

Herramientas útiles

Utiliza hojas de cálculo financieras para desglosar y entender cómo estos costos afectarán tu capital inicial y flujo de caja.

PASO 6: LITIGIOS EN CURSO O RESUELTOS

Los litigios pueden ser una señal de alerta. Investiga la naturaleza de cualquier litigio en curso o resuelto para entender posibles riesgos o problemas dentro de la franquicia. Puedes buscar en Google si hay alguna noticia sobre el mismo o si hay alguna denuncia de algún colectivo o gremio por intrusión profesional.

En el momento de escribir este libro, el gremio de hostelería quería demandar por competencia desleal al ofrecer comidas y no pagar las mismas licencias a las cadenas de cafeterías de reconocidas empresas franquiciadoras.

Recomendaciones

Consulta con un abogado especializado en derecho mercantil para interpretar la importancia y el impacto potencial de estos litigios en tu decisión.

PASO 7: OBLIGACIONES DEL FRANQUICIADO Y DEL FRANQUICIADOR

Comprende tus responsabilidades como franquiciado, así como lo que puedes esperar del franquiciador en términos de soporte, formación y otros recursos.

Recomendaciones

Crear una lista de verificación basada en esta sección puede ayudarte a evaluar si el nivel de soporte ofrecido cumple con tus expectativas y necesidades.

SUGERENCIAS GENERALES:

- **Documenta todo:** mantén un registro detallado de tu investigación, incluyendo fechas de conversaciones, personas con las que hablaste y conclusiones clave.
- **Toma tu tiempo:** no te apresures en tomar una decisión. La inversión en una franquicia requiere compromiso a largo plazo; asegúrate de que sea la correcta.
- **Asesoramiento legal:** antes de firmar cualquier documento, asegúrate de obtener asesoramiento legal

de un abogado especializado en franquicias para revisar el contrato y cualquier otro documento legal.
- **Busca el local adecuado:** dependiendo del tipo de negocio que quieras empezar puedes necesitar un local más comercial o menos; si tu empresa es B2B, no vas a necesitar estar en primera línea y puedes buscar un local menos a pie de calle, aunque ello implique un esfuerzo humano comercial mayor. En caso de tener un negocio B2C, tienes que buscar locales cerca de tu público objetivo. Calles peatonales comerciales, farmacias, colegios, hospitales y centros de salud, flujo de turistas, gimnasios, centros comerciales...

Durante los últimos años he visto a empresarios cometer auténticas locuras que han supuesto el cierre de su establecimiento. Por ejemplo, abrir una tienda de *souvenirs* en una calle que no es turística, donde la zona no tiene ningún atractivo, ni siquiera es de paso. El negocio cerró antes de un año.

Siguiendo estos pasos y utilizando las herramientas recomendadas, podrás realizar una investigación completa que te preparará mejor para tomar una decisión informada sobre tu inversión en franquicias. Esta preparación es esencial para minimizar riesgos y maximizar tus posibilidades de éxito en el mundo del emprendimiento.

SEÑALES DE ALERTA Y QUÉ EVITAR

Al investigar franquicias, es crucial estar atento a ciertas señales de alerta que pueden indicar problemas potenciales. Estos son algunos ejemplos específicos y consejos sobre cómo manejar tales situaciones:

PROMESAS DE RENTABILIDAD EXCESIVAMENTE OPTIMISTAS

Ejemplo: un franquiciador promete que serás rentable dentro de los primeros 3 meses, sin proporcionar datos o estudios de mercado que respalden esta afirmación.

Qué hacer

Solicita evidencia concreta de estas afirmaciones, como estudios de mercado o testimonios verificables de franquiciados existentes. La transparencia es clave.

Y sobre la recuperación de la inversión, ya te adelanto que no es posible recuperar la inversión en 3 meses, seguramente no lo hagas ni en los primeros 12 meses. ¿Qué sentido tendría darte la llave de un negocio que en 3 meses te hará recuperar la inversión? Podrían hacerlo ellos mismos con su capital.

Proyección

Estima el retorno de la inversión en 36 meses en caso de ser optimista y 60 meses en caso de ser mucho más conservador, y empezar a ser rentable a partir del décimo mes, no antes. Aunque siempre dependerá del tipo de franquicia, esta rentabilidad se puede alcanzar a partir del sexto mes, pero no creas que todos lo consiguen.

PRESIÓN PARA FIRMAR RÁPIDAMENTE

Ejemplo: el franquiciador te ofrece un «descuento especial» si firmas el contrato en menos de una semana.

Un descuento siempre es percibido como algo positivo, algo bueno para el comprador. Sin embargo, puede esconder tras de sí una manzana envenenada. Hazte la siguiente pregunta: «¿Qué necesidad tiene una empresa o negocio de hacerme un descuento?». Los descuentos ofrecidos por las empresas pueden tener diversos objetivos, como promover productos específicos, aumentar el tráfico de clientes, competir en el mercado local, fidelizar a los clientes habituales y liquidar inventario.

Pero ¿y una franquicia? ¿Qué hay detrás de ese descuento?

Es posible que te encuentres en medio de una «guerra» en un sector nuevo cuyo principal objetivo con estos descuentos es que decidas ir con uno en vez de otro, con el objetivo de ampliar su presencia en una ciudad concreta o bien conseguir el «monopolio» de una zona específica.

Me he encontrado con franquicias de un mismo sector haciéndome hasta un 100 % de descuento de la cuota de entrada, al enterarse de que estaba decantándome por otra marca. Y es que el modelo de franquicia, la esencia de un buen franquiciador, debe ser la expansión de la marca, y en ocasiones, si quiere entrar en alguna zona concreta, debe hacer sacrificios. Especialmente cuando se tratan marcas pequeñas.

Sin embargo, tienes que hacerte la pregunta y tratar de responderla:

¿Qué hay detrás de ese descuento?

Qué hacer

Tómate tu tiempo para revisar toda la información y consulta con un abogado especializado en mercantil. Una decisión apresurada puede llevarte a pasar por alto detalles cruciales.

HISTORIAL DE LITIGIOS

Ejemplo: descubres que el franquiciador ha estado involucrado en múltiples litigios con franquiciados anteriores por incumplimiento de promesas relacionadas con soporte y ganancias.

Qué hacer

Investiga la naturaleza de estos litigios, examina los detalles específicos de las disputas y las razones detrás de ellas. Habla directamente con los franquiciados involucrados, si es posible, para obtener su perspectiva. Escucha sus experiencias y perspectivas para obtener una comprensión más completa de la situación y sus implicaciones.

Reflexiona sobre si los litigios pasados afectan la viabilidad a largo plazo de la franquicia. Considera si el franquiciador ha tomado medidas para abordar las preocupaciones y mejorar las relaciones con los franquiciados, y si confías en su capacidad para proporcionar el soporte y las oportunidades de crecimiento necesarias para el éxito de tu negocio.

FALTA DE SOPORTE Y FORMACIÓN

Ejemplo: durante las visitas a franquicias existentes, varios franquiciados expresan frustración por la falta de soporte continuo y la inadecuada formación inicial.

Qué hacer

Evalúa la profundidad y calidad del programa de formación ofrecido. Considera esto como un factor decisivo, especialmente si eres nuevo en el sector.

Si necesitas nuevas habilidades, no dudes en realizar algún curso concreto o leer libros sobre el sector en el que te estás moviendo. Apúntate a *newsletters* informativas sobre avances tanto del sector como de la competencia. Asiste a los congresos o seminarios que puedas para estar al día de lo que se mueve, las nuevas tendencias, nuevas ideas de negocio, demandas crecientes de los consumidores.

Si hace falta, hasta mira videos en YouTube. Imagínate que tienes una cafetería y quieres ofrecer un servicio excelente, además de diferenciarte de los competidores de la zona, que los hay y muchos. ¿Conoces el concepto Latte Art? Sí, hacer dibujos en el café. YouTube está lleno de contenidos que pueden servir para formarte en nuevas habilidades, aunque tendrás que practicar mucho.

EVASIÓN DE PREGUNTAS CRÍTICAS

Ejemplo: al preguntar sobre la rentabilidad media de las franquicias, el franquiciador desvía la conversación o da respuestas vagas.

Qué hacer

Insiste en obtener respuestas directas y específicas. La falta de transparencia en aspectos críticos del negocio es una señal de alarma importante.

No te conformes con respuestas vagas o desviaciones. Reitera tu pregunta y solicita una respuesta directa y específica. Es importante que el franquiciador proporcione información clara y transparente sobre aspectos críticos del negocio, como la rentabilidad. Hazle saber al franquiciador que la falta de transparencia en temas importantes como la rentabilidad es una preocupación para ti. Destaca la importancia de tener una comprensión clara de los aspectos financieros del negocio antes de tomar una decisión de inversión.

CAPÍTULO 3
FINANZAS Y LA REALIDAD ECONÓMICA DE LAS FRANQUICIAS

Adentrarse en el mundo de las franquicias implica una comprensión clara de su estructura financiera. Este capítulo se enfoca en desglosar los costos asociados con la adquisición y operación de una franquicia, explicando las regalías y otras tarifas recurrentes, y proporcionando una guía para evaluar la rentabilidad y calcular los puntos de equilibrio.

LA INVERSIÓN INICIAL: DESGLOSE DE COSTOS AMPLIADO

La inversión inicial para abrir una franquicia es una de las consideraciones más importantes para los emprendedores. Esta inversión no solo refleja el coste de entrada al negocio, sino también los recursos necesarios para mantener la operación hasta que se vuelva rentable. A continuación se detalla y amplía cada uno de estos costos, incluyendo ejemplos y recomendaciones para gestionarlos eficientemente.

1. TARIFA DE FRANQUICIA INICIAL O CUOTA DE ENTRADA

Este costo varía ampliamente dependiendo de la franquicia. Por ejemplo, una franquicia de comida rápida bien conocida puede requerir una tarifa inicial de hasta 1.000.000 €, mientras que para una franquicia de servicios de limpieza podría ser de tan solo 5.000 €.

Ejemplo: la franquicia Alfa Inmobiliaria tiene un canon de entrada de unos 5.000 €, mientras que la franquicia Don Piso tiene un canon de entrada de 12.000 €. Dentro del mismo sector puede haber diferencias notables según consideraciones del franquiciador.

Recomendación

Evalúa el costo en relación con el soporte, la marca y el apoyo operativo que recibes. Asegúrate de que la inversión valga la pena a largo plazo.
Los importes de entrada bajos suelen ir relacionados con empresas con poco reconocimiento de marca y poca facturación, 100 % enfocadas al autoempleo. Si estás pensando en invertir en una franquicia como ingreso pasivo, no es una elección acertada.

2. COSTOS DE INSTALACIÓN Y EQUIPAMIENTO

Estos costos abarcan desde la remodelación del local para cumplir con la imagen de la marca hasta la compra de equipos específicos como hornos para una pizzería u ordenadores para un centro de formación.

Ejemplo: el costo de equipar una cocina completa para una franquicia de restaurante puede superar los 30.000 €.

Recomendación

Busca opciones de financiación que el franquiciador pueda ofrecer y compara precios de proveedores recomendados contra alternativas locales.

3. INVENTARIO INICIAL

Este costo depende del tipo de producto que vendas. Es crucial tener suficiente inventario para satisfacer la demanda sin sobreabastecer y causar exceso de *stock*. El exceso de *stock* puede dejarte sin la liquidez suficiente como para afrontar los primeros meses de vida de tu negocio y, además, dependiendo del tamaño, puede hipotecar tu capacidad de almacenaje.

Ejemplo: una tienda de ropa necesitará invertir en diversas tallas y estilos, lo que puede requerir una inversión de 10.000 € a 30.000 € en inventario inicial. Dependiendo del tamaño del local y del tipo de producto que vendas.

Recomendación

En el inicio, lo ideal es no sobrecargarte de productos que desconoces si van a tener éxito en la zona en la que te encuentras. Puede ser muy diferente a los productos comercializados por otra sucursal de la misma franquicia, considerada la posibilidad de reabastecimiento rápido. Déjate asesorar por la franquicia, pero sé tú quien tome la decisión final de lo que tienes y no tienes que adquirir en tu *stock* inicial. Especialmente toma precauciones con productos perecederos.

Me he encontrado con franquicias que se carganmucho de un producto perecedero, que luego no venden y tienen que regalarlo o tirarlo. Esto acaba en pérdidas en el balance financiero de tu empresa. Yo mismo me he encontrado en esta situación. Puedes tomar iniciativas con estos productos para tratar de fidelizar a tus clientes, pero se trata de un producto que no vas a volver a comprar, aunque a tu cliente le guste.

En mi caso, un 30 % del espacio del local comercial correspondía a un 0,5 % de facturación en 12 meses. Varios miles de euros invertidos en productos que debía regalar y que sabía que no iba a volver a comprar por el riesgo de pérdida que comportan.

4. *SOFTWARE* Y TECNOLOGÍA

La necesidad de sistemas de punto de venta, *software* de gestión de relaciones con clientes y otras tecnologías es crucial para la operación eficiente de la franquicia.

Ejemplo: la implementación de un sistema POS avanzado puede costar entre 700 € y 1.500 €, además de una cuota mensual por su uso, dependiendo de la complejidad y las funciones requeridas. Puedes encontrar sistemas *all-in-one*, como SumUp, o bien puedes comprar un *software* de TPV y un equipo propio.

Recomendación

Invierte en tecnología escalable que pueda crecer con tu negocio para evitar costos de actualización significativos en el futuro. A ser posible, que tengan un buen soporte y atención al cliente. Imagínate quedarte tirado y no poder facturar.

5. GASTOS DE *MARKETING* DE LANZAMIENTO

Los costos de *marketing* para la gran apertura pueden incluir publicidad local, promociones en línea, eventos de lanzamiento y material de *marketing*.

En caso de abrir un negocio comercial o una tienda, puedes hacer campañas de buzoneo, aún funcionan. Una fiesta de inauguración para darte a conocer entre los vecinos del barrio, donde deberás invitar a tus amigos para crear ambiente y que la gente tenga curiosidad por entrar a ver qué ocurre.

Si la franquicia es B2B, tendrás que prepararte para ir a puerta fría ofreciendo dosieres informativos de los servicios de tu empresa.

Ejemplo: una campaña de *marketing* de lanzamiento efectiva puede costar desde 1.000 € hasta 50.000 €, o hasta donde quieras soñar, dependiendo del alcance y los canales utilizados.

Recomendación

Aprovecha las campañas de *marketing* colectivo del franquiciador y enfoca tus esfuerzos en las estrategias de *marketing* digital de bajo coste, pero de alto impacto. O bien en estrategias locales.

6. FONDO DE MANIOBRA

Este es el fondo reservado para cubrir los gastos operativos diarios, como salarios, alquiler, servicios públicos y más, hasta que el negocio comience a generar ingresos suficientes como para costearlos.

La mayoría de las personas sin experiencia no tienen en cuenta este importe en el momento de calcular y realizar el plan de empresa. He tenido conversaciones con futuros franquiciados que en sus cálculos no tenían en cuenta este «colchón» que les permite arrancar el negocio.

Ejemplo: dependiendo de la ubicación y el tipo de negocio, el capital de trabajo necesario puede variar de 10.000 € a 100.000 € para los primeros 6 a 12 meses.

Recomendación

Prepara un presupuesto detallado y conservador que tenga en cuenta posibles retrasos en alcanzar el punto de equilibrio. Es importantísimo contabilizar el fondo de maniobra en tu plan de empresa. Todos los inicios son duros y, según el tipo de negocio, puedes tardar más en llegar al punto de equilibrio. Yo recomiendo tener un mínimo de 6 meses de gastos cubiertos asumiendo que no vas a facturar nada en 6 meses. Esto seguramente te permita tener un margen para estar 12 meses sin encontrar el punto de equilibrio.

La clave para gestionar la inversión inicial en una franquicia es realizar una planificación financiera exhaustiva y realista. Considera la posibilidad de trabajar con un asesor financiero para desarrollar un plan sólido que aborde cada uno de estos costos. Además, investiga las opciones de financiamiento disponibles, ya sean ofrecidas por el franquiciador o a través de entidades financieras.

ENTENDIENDO LAS REGALÍAS Y OTRAS TARIFAS RECURRENTES: DESGLOSE DETALLADO

Invertir en una franquicia implica no solo una inversión inicial significativa, sino también el compromiso con varias tarifas recurrentes. Estas tarifas son cruciales para el mantenimiento del soporte, la marca y la tecnología proporcionados por el franquiciador. A continuación, se detallan y amplían estos costos recurrentes:

1. REGALÍAS

Las regalías son esencialmente el costo de hacer negocios bajo una marca establecida. El porcentaje varía significativamente entre franquicias, oscilando comúnmente entre el 2 % y el 5 % de los ingresos brutos, aunque algunas franquicias pueden cobrar más o menos.

Ejemplo: si una franquicia de restaurante genera 100.000 € en ventas mensuales y la tarifa de regalías es del 5 %, el franquiciado debe 5.000 € al franquiciador ese mes.

Recomendación

Al evaluar franquicias, considera cómo las regalías impactarán tu flujo de caja y rentabilidad. Asegúrate de que el soporte y los beneficios proporcionados justifiquen este gasto continuo.

En muchas ocasiones podrás encontrar que hay franquicias que no cobran estas regalías mensuales sobre la facturación del negocio, y aunque puede parecer muy interesante al principio por el mero hecho de no tener un sobrecoste sobre tu facturación, suelen tener otras cláusulas donde pueden cobrar un porcentaje mayor.

Una franquicia que se preocupa por sus franquiciados suele querer ganar si tú ganas, y en el caso de las franquicias B2C, suelen obtener mejores precios en mayoristas por compras de mayor volumen. Esto también se refleja en una reducción de costes para el franquiciado, por lo que les permite ser más competitivos, vender más y dominar así el mercado.

Cuando una franquicia no te cobra un *fee* y te suministra el producto, es normal que te cargue un precio mayor sobre su precio de coste, independientemente de recibir mejores precios por compras por volumen. Esto se traduce en sobrecostes de entre el 30 % y el 50 %. Al final, el cliente de la franquicia eres tú y no parece que quiera crecer contigo, sino gracias a ti.

2. *MARKETING* Y PUBLICIDAD

Esta tarifa suele ser un porcentaje adicional de los ingresos brutos o una tarifa fija mensual destinada a fondos de *marketing* colectivo. Estas campañas de *marketing* benefician a toda la red de franquicias, elevando el perfil de la marca y, de forma ideal, aumentando las ventas para todos.

Ejemplo: una tarifa de *marketing* del 2 % sobre 100.000€ en ventas mensuales equivale a 2.000 € destinados a la publicidad colectiva.

Recomendación

Investiga cómo se utilizan estos fondos y cuál ha sido el impacto histórico en las franquicias individuales. ¿Hay pruebas de un retorno tangible de esta inversión?

Te puedes encontrar empresas que no cobran ni un porcentaje ni un *fee* mensual fijo destinado al *marketing*. Estas empresas suelen preocuparse menos por su marca y los intereses de éxito comunes de todos los franquiciados al no realizar grandes inversiones en *marketing*. Suelen ser las mismas que no te cobran regalías por la facturación.

Hay excepciones, como sectores desconocidos que buscan su hueco en el mercado, pero nadie regala nada, y menos un empresario. Ya sea directa o indirectamente, pero quieren ganar dinero contigo o gracias a ti.

3. TARIFAS DE RENOVACIÓN

Al acercarse el término del contrato de franquicia original, se requerirá una tarifa de renovación para continuar operando bajo la marca. Esta tarifa puede variar ampliamente y podría estar sujeta a negociación, dependiendo de tu éxito y relación con el franquiciador.

Ejemplo: la tarifa de renovación podría ser una fracción de la tarifa de franquicia inicial o basarse en un porcentaje de las ventas anuales.

Recomendación

Asegúrate de entender las condiciones de renovación desde el principio, incluyendo cualquier aumento esperado en las tarifas y cómo podrían afectar tu negocio a largo plazo.

ANÁLISIS DE RENTABILIDAD Y PUNTOS DE EQUILIBRIO: UN ENFOQUE DETALLADO

Evaluar la rentabilidad de una franquicia y determinar su punto de equilibrio son pasos fundamentales para cualquier emprendedor antes de realizar una inversión. Este proceso implica un análisis minucioso de varios componentes financieros que te permitirán entender la viabilidad económica de la franquicia. Aquí desglosamos cómo abordar este análisis de manera efectiva.

PROYECCIONES DE INGRESOS

- **Cómo realizarlas:** para proyectar los ingresos, comienza analizando el desempeño de unidades franquiciadas existentes en ubicaciones similares a la tuya. Considera factores como el flujo peatonal, la demografía local y la competencia. Utiliza herramientas de análisis de mercado como MarketResearch.com o Statista.com para obtener informes de la industria específica con datos relevantes.

- **Ejemplos prácticos:** si estás considerando abrir una franquicia de comida rápida en un área urbana con alto tráfico peatonal, analiza las ventas de otras franquicias en áreas urbanas similares. Ajusta las proyecciones según el tamaño y la ubicación específica de tu franquicia.

COSTOS OPERATIVOS

- **Cómo calcularlos:** suma todos los gastos recurrentes, incluyendo regalías, que suelen ser un porcentaje de tus ventas; alquiler, que depende de tu ubicación; nómina, que varía según el tamaño de tu operación, y costos de inventario, que están relacionados con las proyecciones de ventas. No olvides incluir otros gastos operativos como servicios públicos, licencias de *software*, mantenimiento, limpieza, seguros y *marketing.*
- **Ejemplos prácticos:** para una franquicia de cafetería, los costos operativos pueden incluir el costo de los granos de café, la leche y otros insumos, además de la maquinaria especializada como cafeteras y molinillos, que pueden necesitar mantenimiento regular.

PUNTO DE EQUILIBRIO O *BREAK EVEN*

Conocer el punto de equilibrio en un negocio es esencial para su éxito y viabilidad financiera. Este punto representa el nivel de ventas necesario para cubrir todos los costos y gastos, marcando un hito crucial hacia la rentabilidad. Al establecer metas financieras claras y medibles, el punto de equilibrio proporciona una guía para la planificación financiera a corto y largo plazo, permitiendo a los propietarios y gerentes tomar decisiones estratégicas informadas. Además, sirve como un indicador de la viabilidad del negocio, ayudando a identificar desafíos financieros y gestionar el flujo de efectivo de manera efectiva.

- **Cómo calcularlo:** el punto de equilibrio se alcanza cuando tus ingresos totales igualan tus costos totales. Para calcularlo, utiliza la fórmula: Punto de Equilibrio = Costos Fijos / (Precio de Venta por Unidad - Costo Variable por Unidad). En el contexto de una franquicia, este cálculo te ayudará a entender cuánto tiempo y bajo qué condiciones tu negocio comenzará a ser rentable.
- **Ejemplos prácticos:** si tus costos fijos mensuales son 10.000 € y el margen de ganancia por venta promedio es de 5 €, necesitarás realizar 2.000 ventas cada mes para alcanzar tu punto de equilibrio.

ELABORACIÓN DE UN PLAN FINANCIERO DETALLADO

Un plan financiero detallado te permite visualizar el panorama completo y tomar decisiones informadas. Debería incluir tus proyecciones de ingresos, un desglose detallado de los costos operativos y el cálculo de tu punto de equilibrio.

- **Herramientas recomendadas:** un *software* de planificación financiera o herramientas de hojas de cálculo como Microsoft Excel son esenciales para modelar tus proyecciones financieras. También es recomendable utilizar *softwares* específicos de proyección financiera como Prophix o PlanGuru.

Dado que estos cálculos pueden ser complejos y tienen un impacto significativo en tu decisión de inversión, debes trabajar con un contable o asesor financiero especializado. Estos profesionales pueden ofrecer *insights* valiosos, asegurando que tus proyecciones sean realistas y basadas en datos sólidos.

Realizar un análisis de rentabilidad y determinar el punto de equilibrio son pasos esenciales para evaluar cualquier oportunidad de franquicia. Este proceso te permite no solo anticipar los desafíos financieros sino también planificar estratégicamente para el éxito a largo plazo. Con un enfoque riguroso y el apoyo de herramientas y profesionales adecuados, puedes establecer una base sólida para tu emprendimiento en el mundo de las franquicias.

En mi opinión, para negocios pequeños, como franquicias de autoempleo, una planificación a 3 años es suficiente para poder dar seguimiento a los diferentes hitos y ver la distancia en la que nos encontramos para ser rentables y recuperar la inversión. Proyecciones a mayor tiempo suelen ser una pérdida de tiempo, ya que después del primer año prácticamente seguro tendrás que reajustar los números para volver a proyectar con base en los primeros 12 meses de experiencia de tu nuevo negocio.

CAPÍTULO 4
LA RELACIÓN FRANQUICIADOR-FRANQUICIADO

La dinámica entre franquiciador y franquiciado es fundamental para el éxito de cualquier franquicia. Este capítulo explora la relación desde las expectativas iniciales hasta la gestión de conflictos, ilustrado con casos de estudio que resaltan tanto éxitos como fracasos.

EXPECTATIVAS VS. REALIDAD: DERECHOS Y OBLIGACIONES DEL FRANQUICIADOR

La transición de aspirante a franquiciado a propietario operativo viene con su conjunto de expectativas, muchas de las cuales giran en torno al soporte y los beneficios prometidos por el franquiciador. Sin embargo, la realidad de operar una franquicia puede diferir, lo que subraya la importancia de entender completamente tus derechos y el nivel de apoyo que puedes esperar. Aquí desglosamos estos aspectos para ofrecer una visión más clara.

DERECHOS DEL FRANQUICIADO

Uso de la marca

Expectativa: acceso inmediato a una base de clientes leales gracias al reconocimiento de la marca.

Realidad: si bien una marca reconocida puede atraer clientes, el mantenimiento de la lealtad requiere esfuerzos constantes en calidad y servicio al cliente. En ocasiones tendrás que asumir pérdidas ante clientes recurrentes para no perderlos; es posible que la franquicia no asuma dichos problemas.

Soporte y formación

Expectativa: formación exhaustiva y soporte operativo continuo para todos los aspectos del negocio. La ley establece que el modelo de franquicia debe contar con una formación, y por ello hay cláusulas de penalización en el contrato por la transferencia de *know-how*.
Realidad: el nivel y calidad del soporte pueden variar ampliamente. Algunos franquiciados pueden sentirse insatisfechos si el soporte no cumple con las expectativas preestablecidas o si se reduce con el tiempo. En ocasiones incluso no hay ni formación durante el transcurso del contrato.

Exclusividad territorial

Expectativa: una zona claramente definida sin competencia interna de la misma marca.
Realidad: los conflictos territoriales pueden surgir debido a interpretaciones ambiguas del contrato o cambios en las estrategias de expansión del franquiciador.

Últimamente se está viendo una creciente apertura de tiendas de alimentación de franquicias como Eroski, Caprabo, Carrefour Express... Algunas de ellas a escasas dos calles de distancia una de otra. La apertura de un nuevo local a escasos metros de uno anterior puede generar disputas dentro de la marca.

OBLIGACIONES DEL FRANQUICIADOR

Capacitación inicial y continua

Expectativa: capacitación completa que cubre todos los aspectos necesarios para operar la franquicia con éxito.
Realidad: mientras que algunos franquiciadores ofrecen programas de capacitación extensivos, otros pueden proporcionar solo lo básico, dejando a los franquiciados buscando más información y recursos.

Asistencia operativa

Expectativa: acceso a manuales operativos detallados y asesoramiento regular para optimizar las operaciones.
Realidad: la frecuencia y utilidad del asesoramiento operativo pueden variar, y algunos franquiciados pueden encontrarse navegando desafíos operativos por su cuenta.

Marketing y publicidad

Expectativa: campañas de *marketing* potentes y bien financiadas que impulsan el reconocimiento de la marca y atraen clientes, tanto *online* como *offline*, además de contar con una buena web, en los tiempos que corren, totalmente actualizada.
Realidad: la efectividad de las campañas de *marketing* puede fluctuar, y en algunos casos, los franquiciados pueden necesitar invertir en *marketing* local adicional para complementar las iniciativas del franquiciador. Algunos franquiciadores incluso no actualizan la web manteniendo campañas promocionales estacionales fuera de tiempo, o incluso descuentos «obsoletos», perjudicando al franquiciado en su establecimiento.

En ocasiones, los activos publicitarios de la franquicia, al ser genéricos, no se corresponden con la demanda local, o pueden presentar grandes barreras a la aceptación del público al que va dirigido.

NAVEGANDO LA EXPECTATIVA VS. REALIDAD

- **Investigación profunda:** ya lo hemos comentado anteriormente, pero es un paso que suelen saltarse la mayoría de los nuevos emprendedores. Antes de firmar, habla con franquiciados actuales y antiguos para obtener una visión realista del soporte y los desafíos operativos.
- **Lectura cuidadosa del contrato:** entiende cada cláusula, especialmente aquellas relacionadas con soporte, formación y territorio, para evitar sorpresas después de la firma.
- **Asesoramiento legal y financiero:** consulta con profesionales para evaluar la viabilidad del acuerdo y comprender completamente tus derechos y obligaciones.

Las expectativas sobre los derechos y el apoyo del franquiciador deben basarse en una comprensión clara y realista de lo que el contrato de franquicia ofrece y lo que otros franquiciados han experimentado. Al equilibrar tus expectativas con la realidad operativa de la franquicia, puedes prepararte mejor para los desafíos y oportunidades que vienen con ser parte de una red de franquicias, asegurando una relación beneficiosa tanto para ti como para el franquiciador.

Sin embargo, la realidad puede enfrentar a franquiciados con apoyo limitado, expectativas de rendimiento poco realistas y conflictos sobre territorios o estrategias de *marketing*. Es vital que los franquiciados investiguen y comprendan completamente sus derechos y el nivel de soporte prometido antes de firmar un contrato.

MANEJANDO CONFLICTOS Y NEGOCIACIONES EN FRANQUICIAS

La relación entre franquiciador y franquiciado es compleja y, como en cualquier asociación comercial, puede generar conflictos. Sin embargo, la manera en que se gestionan estos desafíos puede marcar la diferencia entre una resolución exitosa y una disputa prolongada. A continuación, se profundiza en las estrategias para manejar conflictos y negociaciones de manera efectiva.

COMUNICACIÓN ABIERTA Y HONESTA

Implementación práctica: establece canales de comunicación regulares con el franquiciador, como reuniones periódicas o informes de estado, donde ambos puedan expresar preocupaciones y logros.

Por ejemplo, si un franquiciado está enfrentando dificultades con un producto específico que no se vende bien, discutir abiertamente el problema con el franquiciador puede llevar a estrategias de *marketing* ajustadas o incluso a la decisión de descontinuar el producto.

Incluso puede darse el caso de poder incluir nuevos productos en el catálogo de la franquicia gracias a la escucha activa de los clientes y posterior comunicación al franquiciador. Adaptarse a la demanda de los consumidores es vital para el éxito a mediano y largo plazo.

Recomendación

Fomenta un ambiente en el que tanto el franquiciador como el franquiciado se sientan cómodos expresando sus opiniones de manera constructiva. La retroalimentación bidireccional es esencial.

NEGOCIACIÓN Y MEDIACIÓN

Implementación práctica: antes de escalar a disputas legales, considera la posibilidad de negociación directa o mediación a través de un tercero neutral. Este enfoque puede ser menos costoso y más rápido para resolver disputas.

En caso de desacuerdo sobre las regalías, un mediador puede ayudar a ambas partes a comprender las preocupaciones del otro y a encontrar un término medio, como ajustar temporalmente las tarifas hasta que mejore el rendimiento de la franquicia.

Recomendación

Prepara de antemano tus objetivos, límites y alternativas. Entender claramente lo que estás dispuesto a aceptar y lo que es negociable puede hacer la diferencia en las negociaciones.

COMPRENSIÓN CONTRACTUAL

Una revisión detallada y comprensión del contrato de franquicia antes de la firma es crucial. Considera la revisión regular del contrato como un recordatorio de los términos acordados.

Si surge un conflicto sobre la renovación del contrato, referirse a las cláusulas específicas del contrato original puede aclarar el proceso y los criterios para la renovación, evitando malentendidos.

Recomendación

Mantén una copia del contrato fácilmente accesible y considera la asesoría legal para revisar cualquier sección que no esté clara. La educación continua sobre tus derechos y obligaciones contractuales te equipará mejor para manejar disputas.

ESTRATEGIAS ADICIONALES PARA PREVENIR CONFLICTOS

Planificación de escenarios: anticipa posibles conflictos y discute de antemano sobre cómo se manejarían. Esto puede incluir acuerdos sobre estrategias de *marketing* divergentes o cambios en la estructura de tarifas.

Actualizaciones contractuales: a medida que evoluciona la relación franquiciador-franquiciado, puede ser beneficioso revisar y actualizar el contrato para reflejar cambios en la operación o en el mercado.

Educación y formación continua: participar en programas de formación ofrecidos por el franquiciador y buscar activamente oportunidades de aprendizaje pueden mejorar la comprensión mutua de las expectativas y reducir la probabilidad de conflictos.

Manejar conflictos en una franquicia requiere una combinación de comunicación efectiva, negociación estratégica y un entendimiento sólido de los acuerdos contractuales. Al adoptar un enfoque proactivo y colaborativo, franquiciadores y franquiciados pueden fortalecer su relación, superar desafíos y trabajar juntos hacia el éxito mutuo. La clave está en mantener el diálogo abierto, buscar soluciones justas y recordar que, al final, ambos lados comparten el objetivo común de hacer crecer la franquicia.

CASOS DE ESTUDIO: ÉXITOS Y FRACASOS EN EL MUNDO DE LAS FRANQUICIAS

Analizar casos de estudio de éxitos y fracasos dentro del ámbito de las franquicias ofrece lecciones valiosas para los franquiciados actuales y potenciales. Estos ejemplos destacan la importancia de la colaboración, el soporte adecuado y la comunicación efectiva entre franquiciadores y franquiciados.

ÉXITOS

CASO 1: INNOVACIÓN EN UNA FRANQUICIA DE COMIDA RÁPIDA

Un conocido franquiciador de comida rápida cultivó un ambiente de retroalimentación activa y colaboración con sus franquiciados. Alentando a los franquiciados a compartir observaciones y sugerencias, la cadena introdujo nuevos productos que respondían directamente a las demandas y tendencias del mercado local.

McDonald's no ofrece las mismas hamburguesas y salsas en todos sus locales. ¿Sabías que en Japón tienen hamburguesas de gambas? ¿O que en Tailandia ofrecen un plato combinado de pollo frito con arroz al curry?

Resultado

La introducción de estos productos innovadores condujo a un aumento significativo en las ventas a nivel nacional, reforzando la posición de la marca en un mercado competitivo y aumentando la rentabilidad de los franquiciados.

CASO 2: ÉXITO A TRAVÉS DE LA EXCLUSIVIDAD TERRITORIAL EN UNA CADENA DE GIMNASIOS

Una cadena emergente de gimnasios otorgó a sus franquiciados territorios exclusivos amplios, garantizando que no enfrentarían competencia directa de la misma marca dentro de un radio definido.

Resultado

Esta estrategia minimizó la competencia interna y permitió a cada franquiciado concentrarse en capturar y crecer su base de clientes local. La claridad territorial y el mercado protegido contribuyeron a una rápida expansión y un fuerte retorno de la inversión para los franquiciados.

FRACASOS

CASO 1: FALTA DE SOPORTE EN *MARKETING* Y FORMACIÓN

Un franquiciado de una cadena de servicios experimentó dificultades debido a la falta de soporte prometido en áreas críticas como *marketing* y formación. A pesar de las promesas iniciales, el franquiciador no proporcionó la asistencia necesaria para las campañas de *marketing* locales ni ofreció formación continua para adaptarse a las evoluciones del mercado.

Resultado

La falta de soporte condujo a un desempeño por debajo de lo esperado, dificultades financieras y, finalmente, al cierre del negocio. Este caso subraya la importancia de verificar las promesas de soporte del franquiciador antes de firmar un contrato.

Desafortunadamente, esto pasa mucho más de lo que nos imaginamos.

CASO 2: CONFLICTOS Y COMUNICACIÓN DEFICIENTE EN RENOVACIONES DE CONTRATO

Un franquiciado enfrentó sorpresas desagradables cuando llegó el momento de renovar su contrato. A pesar de un desempeño exitoso, el franquiciado descubrió cláusulas inesperadas y condiciones de renovación más onerosas que no se habían comunicado claramente al inicio de su relación.

Resultado

El conflicto escaló a una disputa legal costosa, erosionando la relación entre el franquiciado y el franquiciador. Eventualmente, esto condujo a la terminación de la franquicia, demostrando la crítica necesidad de transparencia y comunicación efectiva desde el principio.

LECCIONES APRENDIDAS

Estos casos de estudio ilustran cómo la colaboración efectiva, un soporte adecuado y una comunicación clara son fundamentales para el éxito de una franquicia. Los franquiciados deben realizar una diligencia debida exhaustiva, establecer expectativas realistas y asegurarse de que existan mecanismos de soporte y comunicación eficaces. Del mismo modo, los franquiciadores deben comprometerse a ofrecer el soporte prometido y mantener líneas abiertas de comunicación para fomentar relaciones exitosas y mutuamente beneficiosas con sus franquiciados.

CAPÍTULO 5
OPERACIONES DIARIAS DE UNA FRANQUICIA

Las operaciones diarias de una franquicia son el corazón del éxito empresarial. Este capítulo se enfoca en las rutinas cotidianas, la balanza entre estandarización y adaptación local, y la importancia de la tecnología y sistemas de gestión en el funcionamiento eficaz de una franquicia.

EL DÍA A DÍA DE MANEJAR UNA FRANQUICIA: UNA MIRADA DETALLADA

La operación diaria de una franquicia es un equilibrio constante entre mantener la coherencia de la marca y gestionar las particularidades del negocio local. A continuación, se detallan las responsabilidades y se ofrecen estrategias para manejarlas de manera efectiva.

GESTIÓN DE PERSONAL

La gestión de personal es un componente fundamental en el éxito de una franquicia, ya que el equipo de empleados desempeña un papel crucial en la entrega de la experiencia de marca al cliente. Para asegurar un rendimiento óptimo y una cultura laboral positiva, es esencial implementar estrategias efectivas de gestión de personal.

En primer lugar, la selección de personal debe ser cuidadosa y basada en criterios que se alineen con la cultura y los valores de la marca. Además, proporcionar una formación continua es vital para garantizar que los empleados estén actualizados en las mejores prácticas y puedan ofrecer un servicio de calidad consistentemente.

Para fomentar un ambiente laboral positivo y motivador, es importante implementar programas de incentivos y reconocimientos que reconozcan y recompensen el buen desempeño. Estos programas no solo mejoran la moral del equipo, sino que también contribuyen a la retención del personal, lo que a su vez reduce los costos asociados con la rotación de empleados.

Además, el uso de plataformas de gestión de recursos humanos puede simplificar muchas tareas administrativas relacionadas con la gestión de personal, como la programación de horarios, el seguimiento del desempeño y las comunicaciones internas. Estas herramientas facilitan la coordinación y el seguimiento del equipo, lo que a su vez mejora la eficiencia operativa y la calidad del servicio. Puedes usar, por ejemplo, el *software* Factorial para esto.

ATENCIÓN AL CLIENTE

La atención al cliente es un aspecto crítico en la gestión de una franquicia, ya que influye directamente en la percepción que los clientes tienen de la marca y su propensión a regresar. Para garantizar una atención al cliente excepcional, es fundamental implementar estrategias efectivas que aborden tanto las consultas como las quejas de manera rápida y profesional, asegurando así la satisfacción del cliente y fomentando la lealtad a la marca.

Es importante establecer políticas claras de servicio al cliente que definan los estándares de atención y las expectativas para el equipo. Estas políticas deben comunicarse de manera efectiva a todos los empleados y respaldarse con la capacitación adecuada para garantizar que el personal esté preparado para manejar diversas situaciones de manera consistente y profesional.

Además, considerar la implementación de herramientas de gestión de relaciones con clientes (CRM) puede ser beneficioso para personalizar la experiencia del cliente y recopilar un *feedback* valioso. Estas herramientas permiten registrar información sobre las interacciones con los clientes, lo que facilita la personalización de futuras interacciones y la identificación de áreas de mejora en el servicio.

Si tu proyecto es B2C y se trata de un modelo de franquicia tipo negocio, como una cafetería, un restaurante, una agencia de viajes, entre muchos otros, las opiniones en Google Maps son vitales. Te recomiendo usar la aplicación LocalBoss para gestionar tus opiniones y no dejar ninguna por responder. Siempre que lo veas posible, pide a tus clientes que dejen una valoración en tu ficha.

CONTROL DE INVENTARIO

Mantener un equilibrio óptimo de inventario es fundamental para cualquier negocio, especialmente cuando se trata de productos perecederos. Esto implica satisfacer la demanda sin incurrir en excesos que puedan resultar en desperdicio o falta de espacio. Para lograrlo, es crucial implementar estrategias efectivas que permitan una gestión eficiente del inventario.

Una de las estrategias más importantes es utilizar *software* de gestión de inventario que permita realizar un seguimiento preciso del *stock* y prever necesidades futuras basadas en las tendencias de ventas. Estos sistemas pueden generar informes y análisis que ayuden a identificar patrones de compra y consumo, facilitando la toma de decisiones informadas sobre cuánto *stock* mantener en el almacén en todo momento.

Reconozco que el proceso de optimización del inventario puede llevar tiempo y requerir ajustes continuos a medida que se acumula más experiencia y datos. No es realista esperar tener una base sólida de control de inventario desde el principio, pero con tiempo y paciencia, los empresarios pueden desarrollar modelos predictivos más precisos que les permitan anticiparse a la demanda.

Todos cometemos errores en este punto, es muy habitual. Simplemente hay que aprender en qué productos puedes equivocarte de más y en cuáles no.

Aún recuerdo cuando, en una feria de Navidad de barrio con tenderetes en la calle, adquirimos más de 3.000 € en productos que no solíamos vender en tienda, pero eran ideales para este tipo de actividades ambulantes por su concepto artesanal, básicamente en la alimentación. Pensábamos que se vendería muy bien y, aunque nuestro objetivo era darnos a conocer, no queríamos morir de éxito. La realidad fue un jarro de agua fría en un gélido día de invierno, 120 € facturados y 3.000 € en productos que no tienen mucha salida fuera del contexto de una feria artesanal.

No cometas el mismo error, pregunta a otros comerciantes o paséate por este tipo de ferias dedicándole tiempo a ver qué compra la gente y cuáles son las paradas que más venden antes de tirarte de cabeza.

MANTENIMIENTO DE LA CALIDAD

El mantenimiento de la calidad es esencial para cualquier negocio, ya que asegura que los productos y servicios cumplan o superen las expectativas de los clientes. Para lograrlo, es fundamental implementar estrategias efectivas que garanticen un alto nivel de calidad en todas las áreas de operación.

Una estrategia efectiva para mantener la calidad es realizar inspecciones regulares y seguimiento de los productos y servicios ofrecidos. Esto puede implicar la realización de pruebas de calidad en productos, evaluaciones de servicio al cliente y revisiones de procesos operativos para identificar posibles áreas de mejora.

Además, desarrollar un sistema de retroalimentación con los clientes puede ser invaluable para identificar dichas áreas de mejora. Esto puede incluir la recolección de comentarios a través de encuestas, revisiones de opiniones *online* y comentarios directos de los clientes. Estos datos pueden proporcionar información valiosa sobre las preferencias y expectativas de los clientes, lo que permite a la empresa realizar ajustes necesarios para mejorar la calidad de sus productos y servicios.

Otra estrategia efectiva es realizar auditorías de calidad periódicas y utilizar los resultados para implementar mejoras continuas. Estas auditorías pueden ayudar a identificar posibles problemas o deficiencias en los procesos y procedimientos, lo que permite a la empresa abordarlos de manera proactiva y mantener altos estándares de calidad en todo momento.

Además, es aconsejable establecer una cultura de calidad en toda la organización, donde todos los empleados estén comprometidos con la entrega de productos y servicios de alta calidad. Esto puede lograrse a través de programas de capacitación y desarrollo del personal, así como reconocimientos y recompensas por el cumplimiento de estándares de calidad.

OPERACIONES FINANCIERAS

Las operaciones financieras son fundamentales para el éxito de cualquier franquicia, ya que involucran la gestión eficiente de los ingresos y gastos del negocio. Esto incluye una serie de tareas como el pago de nóminas, el manejo de cuentas por pagar y por cobrar, el mantenimiento de registros financieros precisos y la planificación para futuras inversiones o expansiones.

Para implementar estrategias efectivas en este ámbito, es crucial emplear herramientas como *software* de contabilidad que permitan monitorear el flujo de efectivo y elaborar presupuestos detallados. Esto proporciona una visión clara de la salud financiera del negocio y ayuda a tomar decisiones informadas.

Además, es recomendable buscar asesoramiento regularmente con un profesional financiero o contable para optimizar la gestión financiera de la franquicia. Estos expertos pueden ofrecer orientación sobre cómo mejorar la eficiencia financiera, reducir costos innecesarios y maximizar los ingresos.

La optimización de los gastos es crucial en cualquier etapa temprana de cualquier empresa; lo es siempre, pero el impacto es mayor cuando estás empezando, tienes menos oportunidades para equivocarte y debes buscar *quick-wins* que supongan poca inversión.

Por ejemplo, recuerdo cuando abrimos nuestra primera franquicia. Una revista se puso en contacto con nosotros para ofrecernos una colaboración, una entrevista para explicar el producto que vendíamos, al ser un poco desconocido y estigmatizado. Bien, la colaboración resultó llamarse 2.800 €, apenas llevábamos 1 semana con la persiana levantada y no teníamos ingresos.

Evidentemente, no llevamos a cabo dicha acción, que suponía recortar algo más de un mes nuestro fondo de maniobra sin un retorno claro de la inversión.

ESTANDARIZACIÓN VS. ADAPTACIÓN LOCAL EN LA GESTIÓN DE FRANQUICIAS

La gestión exitosa de una franquicia a menudo se encuentra en la intersección de mantener la coherencia de la marca a nivel global y, al mismo tiempo, ser relevante y resonante a nivel local. Este delicado equilibrio entre estandarización y adaptación local es crucial para maximizar la aceptación del mercado y la lealtad del cliente. Veamos cómo se pueden manejar estas dinámicas.

ESTANDARIZACIÓN

Ventajas

Consistencia de la marca: garantiza que los clientes reciban la misma calidad y experiencia, independientemente de la ubicación, fortaleciendo la lealtad a la marca.

Eficiencias operativas: los procesos estandarizados facilitan la capacitación del personal, la gestión del inventario y el mantenimiento de la calidad.

Desventajas

Limitaciones locales: en mercados con diferencias culturales significativas, el modelo estandarizado puede no satisfacer las expectativas o preferencias locales.
Inflexibilidad: puede impedir la capacidad del franquiciado para innovar o adaptarse rápidamente a las tendencias y cambios del mercado local.

Por ejemplo, una franquicia global de café puede tener un menú estandarizado, pero podría beneficiarse de la oferta de productos locales especiales en ciertas regiones para satisfacer gustos específicos.

ADAPTACIÓN LOCAL

Ventajas

Relevancia del mercado: ajustar productos, servicios y campañas de *marketing* para adaptarse a las preferencias locales puede aumentar significativamente la aceptación y la demanda.
Competitividad: la adaptación permite a las franquicias diferenciarse de competidores locales y otras marcas globales, capturando una porción mayor del mercado.

Desventajas

Riesgo de dilución de la marca: demasiada variación puede confundir a los clientes sobre lo que representa la marca, erosionando la identidad y los valores de esta.
Complejidad operativa: la adaptación requiere una comprensión profunda del mercado local y puede aumentar la complejidad en la gestión de operaciones y *marketing*.

Por ejemplo, un restaurante de comida rápida internacional podría introducir opciones vegetarianas o veganas en áreas con una alta demanda de tales alternativas, al tiempo que mantiene su menú estandarizado básico.

Por lo general no puedes introducir productos por tu cuenta sin la previa autorización de la marca, y en muchas ocasiones, aunque tengas una amplia demanda en tu ubicación, no se dará esa autorización, pudiendo perder una oportunidad de generar ingresos.

ENCONTRANDO EL EQUILIBRIO

- **Políticas de franquicia flexibles:** los franquiciadores pueden establecer directrices que permitan cierta adaptación local mientras mantienen los elementos centrales de la marca intactos.
- **Investigación y retroalimentación:** utilizar datos de mercado y *feedback* de clientes para identificar oportunidades de adaptación que agregarán valor sin comprometer la marca.
- **Innovación controlada:** permitir a los franquiciados experimentar con adaptaciones locales en una escala pequeña puede ser una forma efectiva de probar innovaciones sin riesgos significativos.
- **Comunicación y colaboración:** fomentar un diálogo abierto entre franquiciadores y franquiciados para compartir ideas exitosas de adaptación que podrían implementarse en otras regiones.

El éxito en la gestión de una franquicia radica en encontrar el equilibrio adecuado entre la coherencia global y la relevancia local. La estandarización trae eficiencia y coherencia, mientras que la adaptación local permite la relevancia y resonancia en el mercado. Al navegar por estas dinámicas con cuidado, las franquicias pueden maximizar su atractivo y éxito en diversos mercados, asegurando tanto la integridad de la marca como la satisfacción del cliente

TECNOLOGÍA Y SISTEMAS DE GESTIÓN EN FRANQUICIAS: UNA VISIÓN INTEGRAL

La implementación de tecnología avanzada y sistemas de gestión es fundamental para el éxito y la eficiencia operativa de una franquicia. Estas herramientas no solo facilitan la gestión diaria, sino que también brindan *insights* valiosos para la toma de decisiones estratégicas. Exploramos cómo estos sistemas pueden ser aplicados efectivamente en el contexto de una franquicia.

OPTIMIZACIÓN DE OPERACIONES

- **Sistemas de Punto de Venta (POS):** los sistemas POS modernos hacen más que procesar transacciones; integran gestión de inventario, análisis de ventas y preferencias del cliente. Por ejemplo, un sistema POS en una franquicia de café puede identificar los productos más vendidos y ajustar automáticamente los niveles de inventario.
- **Gestión de Relaciones con Clientes (CRM):** una CRM puede ayudar a personalizar la experiencia del cliente al almacenar información detallada sobre preferencias y hábitos de compra. Esto permite campañas de *marketing* dirigidas, como ofertas personalizadas para clientes habituales en una franquicia de ropa.

- **Planificación de Recursos Empresariales (ERP):** los sistemas ERP integran diversas funciones operativas, desde la gestión de la cadena de suministro hasta la contabilidad y recursos humanos, facilitando una visión holística del negocio. Una franquicia de fabricación podría usar un ERP para coordinar la producción en función de la demanda prevista en diferentes ubicaciones.

Puedes trabajar con diferentes herramientas o bien trabajar con *suites* como Holded, que tienen todos estos productos en uno. Debes analizar cuáles son las comisiones que te cobran por transacción, y las tarifas del *software* según tus necesidades para entender qué te conviene más.

CONTROL DE CALIDAD

- **Herramientas tecnológicas:** un *software* especializado puede monitorear la coherencia y calidad de los productos o servicios ofrecidos, asegurando que cumplan con las especificaciones del franquiciador. En una franquicia de restaurantes, por ejemplo, se pueden utilizar sistemas para monitorear las temperaturas de cocción y garantizar la uniformidad en todos los platos servidos.

ANÁLISIS DE DATOS

- **Recopilación y Análisis:** la tecnología moderna permite recopilar grandes volúmenes de datos sobre ventas, comportamiento del cliente y eficiencia operativa. Herramientas de análisis de datos pueden identificar tendencias, oportunidades de crecimiento y áreas de mejora. Una franquicia de servicios podría analizar patrones de reserva para optimizar la asignación de personal y recursos.

IMPLEMENTACIÓN EFECTIVA

- **Selección de tecnología:** es crucial seleccionar soluciones tecnológicas que se alineen con las necesidades específicas de la franquicia y que cuenten con el respaldo del franquiciador. La elección de tecnología debe considerar la facilidad de uso, integración con sistemas existentes y escalabilidad.
- **Capacitación y soporte:** la implementación exitosa de cualquier sistema tecnológico requiere capacitación adecuada para el personal y soporte continuo. Esto asegura que el equipo pueda aprovechar al máximo las herramientas disponibles y mantener la operación eficiente.
- **Seguridad y conformidad:** con la creciente dependencia de la tecnología, la seguridad de los datos se vuelve crítica. Es esencial implementar soluciones que cumplan con las normativas de protección de datos y proporcionen medidas de seguridad robustas para proteger la información del negocio y de los clientes.

La adopción de tecnología y sistemas de gestión adecuados es un pilar para el crecimiento y la eficiencia de una franquicia. Estas herramientas no solo mejoran la operación diaria, sino que también ofrecen la capacidad de adaptarse rápidamente a cambios en el mercado y a las expectativas de los clientes. Para las franquicias que buscan mantenerse competitivas y relevantes, invertir en tecnología es una necesidad, no un lujo.

CAPÍTULO 6
MARKETING Y CRECIMIENTO DE LA FRANQUICIA

El *marketing* y la expansión son aspectos críticos en el crecimiento y el éxito a largo plazo de cualquier franquicia. Este capítulo explora cómo equilibrar las estrategias de *marketing* dictadas por el franquiciador con las iniciativas locales, la importancia de la expansión y la escalabilidad, y los fundamentos para construir una marca fuerte.

ESTRATEGIAS DE *MARKETING* CENTRALIZADAS VS. INICIATIVAS LOCALES EN FRANQUICIAS

En el mundo de las franquicias, el *marketing* juega un papel fundamental en la construcción y mantenimiento de la marca. El equilibrio entre las estrategias de *marketing* impuestas por el franquiciador y las iniciativas locales adoptadas por los franquiciados es crucial para el éxito general. Este equilibrio permite a las franquicias mantener una imagen coherente de la marca, al tiempo que se adaptan a las particularidades de cada mercado.

ESTRATEGIAS DE *MARKETING* CENTRALIZADAS

Las estrategias de *marketing* impuestas son aquellas dictadas por el franquiciador para asegurar una presencia de marca uniforme. Por ejemplo, un franquiciador puede desarrollar campañas publicitarias nacionales que destacan el valor y la calidad de sus productos, o promociones estandarizadas válidas en todas las ubicaciones, como descuentos de temporada en una cadena de ropa.

▸▸ Ventajas

Consistencia de la marca: asegura que los clientes reciban el mismo mensaje de marca, independientemente de dónde se encuentren, lo que fortalece la identidad de la marca.
Eficiencia de costos: la centralización del diseño y la implementación de campañas de *marketing* pueden reducir costos y mejorar la eficiencia operativa.

◂◂ Desventajas

Falta de flexibilidad: puede limitar la capacidad de los franquiciados para responder a tendencias o preferencias específicas del mercado local.
Percepción de impersonalidad: estrategias demasiado genéricas pueden no resonar bien con audiencias locales específicas.

ESTRATEGIAS DE *MARKETING* CENTRALIZADAS:

Publicidad en medios masivos: el franquiciador puede lanzar campañas publicitarias a gran escala en televisión, radio o en línea para promocionar la marca a nivel nacional. Un ejemplo de esto es McDonald's, que utiliza publicidad televisiva a nivel nacional para promocionar nuevos productos o promociones especiales.

Promociones estándar en todas las ubicaciones: algunas franquicias implementan promociones o descuentos uniformes en todas las tiendas durante períodos específicos. Por ejemplo, Subway puede lanzar una promoción nacional de «Sub del Día» en todas sus ubicaciones para impulsar las ventas y la participación de los clientes.

Presencia en redes sociales a nivel de marca: el franquiciador puede administrar las cuentas de redes sociales principales de la marca para compartir contenido, noticias y promociones a nivel nacional. Un ejemplo es Starbucks, que utiliza sus cuentas de redes sociales para promover ofertas y comunicar la cultura de la marca a nivel global.

La mayoría de las franquicias prefiere, por ejemplo, gestionar las redes sociales de la empresa de forma centralizada. En mi experiencia puedo decir que creo que se trata de un acierto, aunque pueda parecer lo contrario frente a iniciativas locales.

¿Te imaginas una misma marca con 80 tiendas por todo el país y 80 cuentas de Instagram? Esto pasa, y la gestión puede llegar a ser muy ineficiente, hasta el punto de que le dedicas mucho esfuerzo, tiempo y dinero en promocionar algo en redes sociales, pero siempre bajo la estricta mirada de la marca.

He podido hablar con dos personas diferentes que disponen de una franquicia, cada una dentro de un mismo sector con este mismo caso que comento. A la persona que no tiene el control de las redes porque está gestionada de forma centralizada, le gustaría poder tener el control y gestionar sus propias redes sociales, y viceversa.

Personalmente, la gestión no centralizada me parece una gestión ineficiente de un canal de comunicación donde acabas gestionando una comunidad de unos cientos de seguidores, entre ellos robots y amigos, que nunca te van a comprar. Sin embargo, te da una falsa sensación de control y de ser realmente tu propio jefe, como venden todas las franquicias.

INICIATIVAS LOCALES

Las iniciativas locales permiten a los franquiciados adaptar sus esfuerzos de *marketing* para conectar mejor con su comunidad. Esto podría incluir patrocinar un equipo deportivo local, organizar eventos en la tienda o crear promociones que aborden eventos o festividades regionales.

▸▸ Ventajas

Relevancia local: aumenta la conexión con la comunidad local y satisface las necesidades y preferencias específicas de la audiencia.

***Engagement* del cliente:** las actividades y promociones locales pueden fomentar la lealtad del cliente y diferenciar la franquicia de los competidores.

◂◂ Desventajas

Riesgo de inconsistencia: sin una guía clara, las iniciativas locales podrían desviarse demasiado de la imagen de la marca central, creando confusión.

Mayores demandas de recursos: la personalización del *marketing* a nivel local requiere tiempo, esfuerzo y posiblemente un mayor presupuesto.

INICIATIVAS LOCALES DE *MARKETING*:

Eventos comunitarios: los franquiciados pueden organizar o patrocinar eventos locales, como ferias, festivales o carreras, para aumentar la visibilidad de la marca en su área de operación. Por ejemplo, una tienda local de Dunkin' Donuts puede patrocinar una carrera benéfica en su comunidad. O los franquiciados pueden asistir a ferias locales tematizadas para promocionar sus productos montando un tenderete.

Publicidad en medios de comunicación locales: los franquiciados pueden invertir en publicidad en periódicos locales, estaciones de radio o vallas publicitarias para llegar a su audiencia local. Por ejemplo, una sucursal de una empresa de transportes puede anunciarse en un periódico local para promover sus servicios de envío.

Ofertas especiales personalizadas: los franquiciados pueden crear ofertas especiales o promociones adaptadas a las preferencias y necesidades de su mercado local. Por ejemplo, una tienda de Telepizza puede ofrecer una promoción local para un nuevo sabor de pizza que sea popular en su área específica. Normalmente se debe pedir autorización a la matriz, que no suele denegarlo.

Asociaciones de comerciantes: los franquiciados pueden optar por unirse a asociaciones locales de comerciantes o cámaras de comercio para fortalecer su red local, obtener visibilidad adicional y participar en actividades comunitarias. Por ejemplo, un franquiciado de una tienda de ropa puede unirse a una asociación de comerciantes local para colaborar en eventos de venta callejera o promociones conjuntas con otros negocios locales.

Unirse a asociaciones de comerciantes ofrece una serie de beneficios para los franquiciados de una manera local. En primer lugar, proporciona una plataforma para establecer relaciones comerciales sólidas con otros empresarios locales, lo que puede resultar en oportunidades de colaboración, como eventos conjuntos, programas de fidelización compartidos o promociones cruzadas. Estas asociaciones también suelen organizar eventos comunitarios, como ferias y festivales, donde los franquiciados pueden participar para aumentar la visibilidad de su negocio y establecer conexiones con la comunidad local. Además, ser miembro de una asociación de comerciantes puede brindar acceso a recursos y apoyo adicionales, como programas de desarrollo empresarial, seminarios educativos y oportunidades de *networking*, que pueden ayudar a fortalecer la posición del franquiciado en el mercado local y mejorar su capacidad para competir de manera efectiva.

Buzoneo: el buzoneo implica la distribución de folletos, volantes o muestras de productos directamente en los buzones de los hogares locales. Este método puede ser efectivo para llegar a clientes potenciales en áreas específicas y promocionar ofertas especiales o eventos. Por ejemplo, un franquiciado de una pizzería puede realizar una campaña de buzoneo en su área de entrega para promocionar una oferta de descuento en pizzas.

Esta opción puede ser muy económica o no servir para nada. La impresión de los *flyers* es relativamente económica. La dificultad reside en la contratación de una empresa seria que realmente haga la distribución.

En una ocasión contraté el servicio de buzoneo de 25.000 *flyers* que debían entregarse en los códigos postales específicos, básicamente alrededor del comercio en cuestión, con un mensaje muy claro: «10 % de descuento presentando el *flyer*». Durante semanas después de finalizar el trabajo por parte de la empresa contratada, no vino ningún cliente a entregar el *flyer*. Sin embargo, sí que venía gente a comprar. Extrañados, preguntábamos a la gente si vivía cerca y si había recibido el *flyer*. El resultado fue sorprendente: nadie lo había recibido.

El consejo que puedo darte es que asegures el servicio contratado con la solicitud de un informe con fotografías de la publicidad entregada en buzones y con todas las direcciones a las que se ha llevado. Quizá será ligeramente más caro, pero tienes más probabilidades de éxito.

ENCONTRANDO EL EQUILIBRIO

La clave para una estrategia de *marketing* exitosa en una franquicia es encontrar el equilibrio adecuado entre las directrices del franquiciador y la flexibilidad para iniciativas locales. Esto puede lograrse a través de:

- **Guías de marca o guía de estilo:** proporcionar a los franquiciados un marco claro dentro del cual puedan personalizar sus esfuerzos de *marketing* para adaptarse a sus mercados locales.
- **Comunicación y colaboración:** fomentar un diálogo abierto entre franquiciadores y franquiciados para compartir ideas de *marketing* exitosas y adaptar estrategias a nivel local cuando sea necesario. Hoy en día hay grupos de WhatsApp para todo; crea o únete a un grupo donde todos los franquiciados os apoyéis y ayudéis. Compartir ideas y qué cosas les funciona a unos y a otros puede hacer que surjan nuevas ideas. La unión hace la fuerza.
- **Capacitación y soporte:** ofrecer formación en *marketing* a los franquiciados para asegurar que comprendan la marca y cómo comunicar su mensaje de manera efectiva. En caso de no recibirla por parte del franquiciador, se pueden realizar algunos cursos.

Al equilibrar las estrategias de *marketing* impuestas con la adaptación local, las franquicias pueden maximizar su alcance y resonancia en diversos mercados, manteniendo al mismo tiempo la cohesión y la fuerza de la marca. Este enfoque equilibrado es esencial para construir una marca fuerte y adaptable que pueda prosperar en el dinámico entorno comercial actual.

CAPÍTULO 7
ASPECTOS LEGALES Y CONTRACTUALES

Los aspectos legales y contractuales forman el marco dentro del cual operan las franquicias. Este capítulo aborda la comprensión del contrato de franquicia, la protección legal y los derechos de propiedad intelectual, y cómo resolver disputas legales, aspectos cruciales para cualquier franquiciado potencial.

ENTENDIENDO EL CONTRATO DE FRANQUICIA: UNA GUÍA DETALLADA

El contrato de franquicia es el fundamento legal sobre el que se construye la relación entre el franquiciador y el franquiciado. Comprender cada aspecto de este documento es crucial para asegurar una colaboración exitosa y evitar sorpresas desagradables en el futuro. A continuación, desglosamos los elementos clave del contrato de franquicia y ofrecemos consejos para navegar en este proceso.

DURACIÓN DEL CONTRATO

La duración del contrato define el período durante el cual tendrás el derecho a operar bajo la marca de la franquicia. También establece el marco temporal para recuperar tu inversión inicial y obtener ganancias.

Recomendación

Considera si la duración del contrato se alinea con tus objetivos a largo plazo y tu plan de negocios. Asegúrate de entender las condiciones de renovación y si existen costos asociados a este proceso.

TARIFAS Y REGALÍAS

Además de la tarifa inicial de franquicia, la mayoría de los contratos incluyen regalías que se pagan regularmente. Estas pueden ser un porcentaje de tus ingresos o una tarifa plana, y se destinan a cubrir el uso continuo de la marca, el soporte y los servicios proporcionados por el franquiciador, así como el *marketing* de la franquicia.

Recomendación

Analiza cómo estas tarifas impactarán tus finanzas y tu capacidad para generar ganancias. Comprende claramente qué servicios y soportes están incluidos a cambio de estas tarifas.

TERRITORIO

La exclusividad territorial garantiza que no tendrás competencia directa de otros franquiciados de la misma marca dentro de un área determinada. Esto puede ser crucial para el éxito de tu franquicia.

Recomendación

Asegúrate de que los límites territoriales estén claramente definidos en el contrato. Considera el potencial de crecimiento dentro de este territorio y si satisface tus expectativas de expansión.

Si se trata de una región/ciudad nueva y te permiten delimitar la zona, asegúrate de dibujar una zona que no te afecte y que te proteja en caso de, por ejemplo, ofrecer *delivery*.

OBLIGACIONES DEL FRANQUICIADO Y DEL FRANQUICIADOR

El contrato debe especificar claramente qué se espera de ti como franquiciado y qué tipo de soporte y recursos proveerá el franquiciador. Esto incluye formación, *marketing*, soporte operativo y acceso a proveedores aprobados.

Recomendación

Evalúa si el nivel de soporte ofrecido está en línea con tus necesidades y si las obligaciones que se te imponen son razonables y gestionables.

CONDICIONES DE RESCISIÓN

Entender las circunstancias bajo las cuales tanto tú como el franquiciador pueden terminar el contrato es fundamental. Esto incluye incumplimientos, fracaso en alcanzar ciertos niveles de desempeño o cambios en la propiedad de la franquicia.

Recomendación

Considera las posibles salidas y cómo afectarían a tu inversión. Asegúrate de que haya cláusulas que te protejan en caso de terminación injustificada.

Por ejemplo, si la franquicia no cumple con su parte contractual, una cláusula de rescisión que te impida trabajar en lo mismo es totalmente perjudicial para ti. Supongamos que una franquicia de reparación de motos deja de suministrarte material o se ve sumida en un escándalo que daña la imagen de la marca hasta el punto de que pierdes todos tus clientes. ¿No puedes continuar como mecánico?

BUSCANDO ASESORAMIENTO LEGAL ESPECIALIZADO

Un abogado especializado en derecho mercantil puede ofrecerte una invaluable perspectiva sobre el contrato, ayudándote a identificar posibles banderas rojas, negociar términos más favorables y asegurar que tus intereses estén protegidos.

Recomendación

Invierte en asesoramiento legal como parte de tu proceso de diligencia debida. Un buen abogado no solo puede ayudarte a entender el contrato, sino también a negociar desde una posición de fuerza.

El contrato de franquicia establece las reglas del juego para tu emprendimiento. Tomarte el tiempo para comprender cada aspecto de este acuerdo es un paso crucial hacia una asociación fructífera y rentable con el franquiciador. Con el asesoramiento adecuado y una evaluación cuidadosa, puedes entrar en esta relación con confianza y claridad.

PROTECCIÓN LEGAL Y DERECHOS DE PROPIEDAD INTELECTUAL EN FRANQUICIAS

La protección de la marca y los derechos de propiedad intelectual constituyen un pilar fundamental en la estructura y estrategia de cualquier franquicia. Estos elementos no solo salvaguardan la identidad y la exclusividad de la franquicia, sino que también aseguran la continuidad y la integridad del negocio tanto para el franquiciador como para el franquiciado. A continuación se profundiza en cada uno de estos aspectos críticos.

MARCAS REGISTRADAS

El registro de marcas asegura que el nombre, el logotipo y otros signos distintivos de la franquicia estén legalmente protegidos contra el uso o la apropiación indebidos por parte de terceros. Esto es esencial para mantener la identidad y el valor de la marca en el mercado.

El registro se realiza ante la oficina de propiedad intelectual correspondiente en cada país, lo cual confiere al titular el derecho exclusivo de uso en el territorio donde esté registrado.

Ejemplo: una franquicia de café, conocida por su distintivo logotipo y color de marca, registrará estos elementos para prevenir que otras empresas utilicen una imagen similar que pueda confundir a los consumidores.

SECRETOS COMERCIALES Y *KNOW-HOW*

Los secretos comerciales y el *know-how* abarcan información no pública que otorga a una franquicia una ventaja competitiva, como pueden ser recetas únicas, métodos de operación o estrategias de *marketing*.

Estos se protegen mediante acuerdos de confidencialidad y no divulgación, asegurando que franquiciados y empleados se abstengan de compartir esta información crítica con terceros.

Ejemplo: una franquicia de restaurantes con una receta secreta para su salsa insignia requerirá que los franquiciados firmen acuerdos de confidencialidad para proteger esta información esencial.

ACUERDOS DE NO COMPETENCIA

Estos acuerdos previenen que los franquiciados (y en algunos casos los franquiciadores) participen en negocios que compiten directamente con la franquicia, tanto durante la vigencia del contrato como por un período determinado después de su terminación.

Los acuerdos de no competencia deben ser razonables en términos de duración, geografía y ámbito de actividad para ser legalmente aplicables. Su objetivo es proteger la inversión y los secretos comerciales sin restringir indebidamente las oportunidades de negocios futuras del franquiciado.

Ejemplo: un exfranquiciado de una cadena de gimnasios puede estar restringido por un acuerdo de no competencia que le impide abrir su propio gimnasio en la misma ciudad durante dos años después de dejar la franquicia.

La protección legal y los derechos de propiedad intelectual son esenciales para la seguridad y el éxito a largo plazo de una franquicia. Tanto franquiciadores como franquiciados deben comprender y respetar estos derechos, asegurándose de que las marcas registradas, los secretos comerciales y los acuerdos de no competencia estén correctamente establecidos y mantenidos. La implementación de estas medidas protege no solo la marca y la operación individual de la franquicia, sino también la integridad y el valor de la red de franquicias en su conjunto.

RESOLUCIÓN DE DISPUTAS LEGALES EN FRANQUICIAS

En el mundo de las franquicias, donde las relaciones comerciales se basan en acuerdos contractuales complejos, las disputas legales son, lamentablemente, una posibilidad. Sin embargo, existen diversas estrategias para resolver estos conflictos de manera eficaz, cada una con sus propias ventajas y consideraciones. Aquí exploramos en detalle las opciones disponibles para franquiciadores y franquiciados.

MEDIACIÓN Y ARBITRAJE

MEDIACIÓN:

Un proceso no adversativo donde un mediador neutral ayuda a las partes a comunicarse y llegar a un acuerdo mutuo. La mediación es confidencial y ofrece un ambiente menos formal que el litigio o el arbitraje.

›› Ventajas

Menos costosa y más rápida que el litigio, y puede preservar la relación comercial al fomentar la comunicación y el entendimiento mutuo.

Consideraciones

El acuerdo alcanzado en la mediación no es legalmente vinculante, a menos que las partes acuerden hacerlo.

ARBITRAJE:

Un proceso donde un árbitro o panel de árbitros toma una decisión sobre la disputa después de escuchar a ambas partes. A menudo es visto como un medio término entre la mediación y el litigio.

⏩ Ventajas

Generalmente más rápido y menos costoso que el litigio. La decisión del árbitro es vinculante y ejecutable legalmente.

Consideraciones

La decisión del árbitro es final y, en la mayoría de los casos, no se puede apelar, lo que limita las opciones si una de las partes no está satisfecha con el resultado.

LITIGIO

El proceso de llevar una disputa a la corte, donde un juez (y posiblemente un jurado) tomará una decisión basada en la ley aplicable.

⏩ Ventajas

Proporciona una resolución clara y legalmente vinculante de la disputa.

Consideraciones

El litigio puede ser extremadamente costoso, prolongado y público. Además, puede dañar irreparablemente la relación entre el franquiciador y el franquiciado.

NEGOCIACIÓN DIRECTA

Las partes involucradas en la disputa trabajan directamente (o a través de sus representantes legales) para llegar a un acuerdo sin la intervención de terceros.

» Ventajas

Permite a las partes mantener el control total sobre el resultado y puede ser la forma más rápida y menos costosa de resolver una disputa.

Consideraciones

Requiere que ambas partes estén dispuestas a comprometerse y comunicarse abiertamente, lo que puede ser difícil en situaciones conflictivas.

CLAVES PARA LA PREVENCIÓN DE DISPUTAS:

- **Claridad contractual:** asegurarse de que todos los términos y condiciones del contrato de franquicia sean claros y comprensibles para evitar malentendidos.
- **Comunicación continua:** mantener líneas de comunicación abiertas para abordar preocupaciones y problemas antes de que escalen a disputas.
- **Asesoramiento legal precoz:** consultar con abogados especializados en franquicias al inicio de la relación y antes de que las disputas se intensifiquen puede ayudar a identificar soluciones tempranas.

La resolución de disputas en el contexto de franquicias requiere un enfoque cuidadoso que considere tanto los aspectos legales como las relaciones comerciales a largo plazo. La mediación y el arbitraje ofrecen caminos para resolver conflictos de manera eficiente, mientras que la negociación directa puede proporcionar una solución rápida y mutuamente beneficiosa. Sin embargo, cuando estas estrategias no son viables, el litigio puede ser necesario para proteger los derechos e intereses de las partes. La prevención, a través de una comunicación efectiva y acuerdos claros desde el inicio, es siempre el mejor enfoque para minimizar la posibilidad de disputas legales.

CAPÍTULO 8
PREPARÁNDOSE PARA EL ÉXITO

El éxito en el ámbito de las franquicias no es accidental; requiere preparación, planificación y un compromiso continuo con la excelencia y la adaptación. Este capítulo ofrece una guía sobre cómo desarrollar un plan de negocio robusto, aprovechar al máximo la formación y capacitación, y mantenerse competitivo y relevante en el mercado.

DESARROLLANDO UN PLAN DE NEGOCIO SÓLIDO PARA FRANQUICIAS

Elaborar un plan de negocio exhaustivo es un paso fundamental para el lanzamiento y la operación exitosa de una franquicia. Este documento debe ser tanto una herramienta de planificación como un recurso para atraer inversores o financiamiento. A continuación, se detallan los componentes esenciales de un plan de negocio robusto para franquicias.

ANÁLISIS DE MERCADO

Objetivo: comprender profundamente el entorno en el que operará la franquicia.

¿Qué debes tener en cuenta?

- **Clientes potenciales:** identifica quiénes son, dónde están y qué necesidades o deseos específicos podrías satisfacer.

- **Competencia:** analiza tanto a competidores directos como indirectos, evaluando sus fortalezas y debilidades.
- **Tendencias del mercado:** investiga tendencias emergentes que puedan afectar tu franquicia, tanto positiva como negativamente.

ESTRATEGIA OPERATIVA

Objetivo: definir el funcionamiento diario de la franquicia para garantizar eficiencia y calidad.

¿Qué debes tener en cuenta?

- **Operaciones:** describe los procesos operativos clave, desde la apertura hasta el cierre, gestión de inventario y servicio al cliente.
- **Personal:** detalla la estructura organizativa, incluidas las necesidades de contratación, capacitación y roles del equipo.
- **Procesos administrativos:** incluye la gestión de documentación, cumplimiento de normativas y cualquier otro requisito administrativo.

PROYECCIONES FINANCIERAS

Objetivo: proporcionar una visión clara de la viabilidad financiera de la franquicia.

¿Qué debes tener en cuenta?

- **Ingresos y gastos:** presenta estimaciones realistas de ingresos esperados y gastos operativos. Proyecta tres escenarios: el pesimista, el «escenario estándar» y el optimista. Y realiza los cálculos necesarios en tu plan de empresa para ver cuál es la evolución

- **Análisis de flujo de caja:** muestra cómo y cuándo entrará y saldrá el dinero de la empresa.
- **Punto de equilibrio:** calcula cuándo se espera que la franquicia comience a generar ganancias, después de cubrir todos los gastos.

PLAN DE *MARKETING*

Objetivo: esbozar cómo atraerás y retendrás a tus clientes.

¿Qué debes tener en cuenta?

- **Estrategias de *marketing* del franquiciador:** aprovecha las campañas y recursos proporcionados por el franquiciador.
- **Iniciativas de *marketing* local:** desarrolla tácticas específicas para tu mercado objetivo, como eventos comunitarios, publicidad local y promociones especiales.

PLAN DE CRECIMIENTO

Objetivo: establecer metas a corto y largo plazo para la expansión y escalabilidad de la franquicia.

¿Qué debes tener en cuenta?

- **Objetivos a corto plazo:** define metas para el primer año, incluyendo hitos operativos y financieros.
- **Objetivos a largo plazo:** esboza dónde ves tu franquicia en 5 a 10 años, considerando posibles expansiones, mercados adicionales y diversificación.

Un plan de negocio bien elaborado es indispensable para dirigir una franquicia hacia el éxito. Debe ser un documento vivo, revisado y ajustado regularmente para reflejar el desempeño real y los cambios en el mercado. Este plan no solo te guiará a través de la fase de inicio y crecimiento, sino que también demostrará a los prestamistas y a los inversores la viabilidad y el potencial de tu franquicia. La clave está en la investigación exhaustiva, la planificación detallada y la adaptabilidad continua.

CONSEJOS PARA MANTENERSE COMPETITIVO Y RELEVANTE EN EL MUNDO DE LAS FRANQUICIAS

En un entorno de mercado dinámico, las franquicias deben estar constantemente buscando maneras de mantenerse competitivas y relevantes. Adoptar un enfoque proactivo hacia la innovación, el servicio al cliente, la tecnología, el compromiso comunitario y la formación continua es fundamental. A continuación, se detallan estrategias efectivas para lograrlo.

INNOVACIÓN EN PRODUCTOS Y SERVICIOS

Debes estar atento a las tendencias emergentes y necesidades no satisfechas del mercado para desarrollar nuevas ofertas. La innovación puede diferenciar tu franquicia de la competencia y atraer a nuevos clientes.

Ejemplo: una franquicia de cafeterías podría introducir alternativas de leche vegetal y opciones de café orgánico para atraer a un público consciente de la salud y el medio ambiente.

La asistencia a eventos y congresos del sector es otra forma de conocer los productos innovadores y servicios que se están desarrollando, y por lo tanto te permite tener la posibilidad de poder explorarlos con el fin de mantenerte en todo momento conectado con tus clientes y la demanda de estos.

EXCELENCIA EN LA ATENCIÓN AL CLIENTE

Capacita a tu equipo para ofrecer un servicio excepcional que exceda las expectativas de los clientes. Una atención al cliente de calidad puede convertir a los clientes ocasionales en embajadores leales de la marca.

Ejemplo: implementar un programa de capacitación para empleados que se enfoque en habilidades de comunicación efectiva, resolución de problemas y personalización del servicio.

ADOPCIÓN DE TECNOLOGÍA

Utiliza tecnologías avanzadas para mejorar la eficiencia operativa y enriquecer la experiencia del cliente. Esto puede incluir desde sistemas de punto de venta hasta plataformas de gestión de relaciones con clientes (CRM) y soluciones de *marketing* digital.

Ejemplo: introducir quioscos de autoservicio en una franquicia de comida rápida para agilizar el proceso de pedido y reducir los tiempos de espera.

COMPROMISO CON LA COMUNIDAD LOCAL

Participa activamente en tu comunidad a través de eventos, patrocinios y programas de sostenibilidad. Este compromiso no solo construye buena voluntad, sino que también puede aumentar la visibilidad de la marca.

Ejemplo: organizar eventos de recaudación de fondos para escuelas locales o patrocinar equipos deportivos juveniles. Participar en activamente en las fiestas patronales o del barrio.

FORMACIÓN CONTINUA

Invierte en el desarrollo continuo de tu equipo a través de programas de formación y capacitación. Un equipo bien capacitado es esencial para ofrecer un servicio de alta calidad y operar eficientemente.

Ejemplo: ofrecer acceso a cursos en línea y talleres sobre atención al cliente, gestión del tiempo y técnicas de venta para el personal.

Mantenerse competitivo y relevante en el competitivo mundo de las franquicias requiere un compromiso con la mejora continua y la adaptabilidad. Al centrarse en la innovación, ofrecer un servicio excepcional al cliente, adoptar tecnologías avanzadas, comprometerse con la comunidad y fomentar la formación continua, las franquicias pueden asegurar no solo su supervivencia, sino también su prosperidad a largo plazo. Estas estrategias, combinadas con un plan de negocio sólido y una ejecución cuidadosa, prepararán a las franquicias para superar los desafíos y aprovechar las oportunidades en un mercado en constante cambio.

PREPARÁNDOSE PARA EL ÉXITO A LARGO PLAZO

La preparación para el éxito a largo plazo implica tanto la consolidación de los fundamentos del negocio como la planificación estratégica para el futuro:

- **Construir sobre una base sólida:** asegurarse de que las operaciones diarias sean eficientes y que la experiencia del cliente sea excepcional. Serán tus prescriptores, además de establecer una relación de confianza.
- **Formación y desarrollo continuo:** invertir en la formación y el desarrollo del personal y de uno mismo para mantenerse al día con las mejores prácticas de la industria.
- **Estar al tanto de las tendencias del mercado:** mantenerse informado sobre las tendencias emergentes y estar preparado para adaptarse a ellas.
- **Planificación financiera a largo plazo:** gestionar las finanzas con prudencia, incluyendo la planificación para la expansión, la innovación y la mitigación de riesgos.

El futuro del mundo de las franquicias promete ser emocionante y lleno de oportunidades para aquellos que están preparados para adaptarse e innovar. Al mantenerse informados sobre las tendencias emergentes, abrazar la innovación y prepararse para los cambios del mercado, los franquiciados pueden asegurar no solo su supervivencia, sino su prosperidad en los años venideros.

CAPÍTULO 9
EL LADO OSCURO DE LAS FRANQUICIAS

Aunque el modelo de franquicia ofrece muchas oportunidades de éxito, no está exento de desafíos y, en algunos casos, de auténticas historias de horror. Este capítulo explora algunas de estas situaciones, los motivos detrás del fracaso de algunas franquicias y ofrece consejos sobre cómo recuperarse de tales contratiempos.

HISTORIAS DE HORROR EN FRANQUICIAS Y LECCIONES APRENDIDAS

Las historias de horror en el ámbito de las franquicias pueden servir como valiosas lecciones para evitar caer en los mismos errores. Estos ejemplos subrayan la importancia de una preparación meticulosa, una clara comprensión de los acuerdos contractuales y una comunicación efectiva. A continuación, se detallan algunos escenarios comunes y las lecciones que se pueden extraer de ellos.

FRACASOS FINANCIEROS POR FALTA DE PLANIFICACIÓN

Franquiciados entusiastas, sin una comprensión completa de los costos asociados, se lanzan a la aventura empresarial sin haber tenido en cuenta que los costos operativos y la inversión inicial superan con creces sus proyecciones financieras. En ocasiones, incluso teniendo grandes conocimientos empresariales, puedes cometer errores que te llevan a tener que cerrar.

Lección

La importancia de realizar un análisis financiero detallado no puede ser subestimada. Es esencial elaborar proyecciones financieras realistas, incluyendo un colchón para imprevistos, y asegurarse de tener acceso a capital de trabajo suficiente para sostener el negocio durante las fases iniciales.

Uno de los ejemplos más relevantes de una franquicia española que experimentó fracasos financieros debido a una falta de planificación adecuada es el de Nostrum, una cadena de comida para llevar que se basaba en un modelo de franquicias.

Nostrum intentó expandirse muy rápidamente, con un objetivo ambicioso de abrir un gran número de franquicias en poco tiempo. Esta expansión no siempre estuvo acompañada de un análisis detallado del mercado o una planificación estratégica adecuada, lo que resultó en la apertura de tiendas en ubicaciones no rentables.

CONFLICTOS CON FRANQUICIADORES

Disputas legales surgen debido a expectativas no cumplidas o malentendidos sobre las obligaciones contractuales, lo que puede resultar en una relación fracturada entre franquiciador y franquiciado, o incluso en la terminación del contrato.

Lección

La claridad contractual es crucial. Antes de firmar cualquier acuerdo, es vital entender completamente todos los términos y condiciones. La asesoría legal competente puede ayudar a aclarar obligaciones, derechos y expectativas, evitando conflictos futuros.

Por ejemplo, la cadena de supermercados DIA, que se concibe como modelo de franquicias hoy en día, ha tenido varios conflictos con sus franquiciados. Se han reportado disputas relacionadas con las condiciones contractuales, las políticas de precios y las estrategias de gestión. Algunos franquiciados se han quejado de que las prácticas comerciales de DIA les han dejado con márgenes de beneficio insosteniblemente bajos, lo que ha provocado tensiones y litigios.

PROBLEMAS DE REPUTACIÓN

Unos pocos franquiciados gestionan mal sus operaciones, lo que lleva a una mala experiencia del cliente y, potencialmente, a críticas negativas que afectan a toda la red de franquicias.

Lección

La gestión de la reputación es un esfuerzo colectivo. Mantener altos estándares operativos y un compromiso con la calidad del servicio al cliente es fundamental. El franquiciador debe ofrecer soporte y formación adecuados para asegurar la cohesión y la excelencia en toda la red.

Uno de los casos más sonados sobre problemas de reputación en marcas franquiciadas es el caso de Vitaldent.

Se vio envuelta en controversias significativas cuando su fundador y otros ejecutivos fueron arrestados por delitos que incluían fraude, blanqueo de dinero y evasión fiscal. Estos escándalos tuvieron un impacto devastador en la confianza de los clientes y la imagen pública de la marca.

Vitaldent también enfrentó numerosas quejas y reclamaciones de pacientes relacionadas con la calidad del servicio, tratamientos innecesarios o mal realizados, y una percepción general de falta de ética profesional.

Los franquiciados de Vitaldent se vieron afectados negativamente por la mala prensa y la desconfianza general hacia la marca. Muchos experimentaron una disminución en la afluencia de clientes y, en algunos casos, tuvieron que cerrar sus clínicas o desvincularse de la marca para intentar salvar sus negocios.

LECCIONES GENERALES

- **Diligencia debida:** antes de embarcarse en una franquicia, es crucial investigar exhaustivamente no solo la marca, sino también el mercado local, la competencia y las proyecciones financieras.
- **Comunicación efectiva:** mantener líneas de comunicación abiertas con el franquiciador y otros franquiciados puede proporcionar apoyo, consejos y evitar malentendidos.
- **Adaptabilidad:** estar preparado para adaptarse a cambios en el mercado y en las preferencias de los consumidores es vital para el éxito a largo plazo.

Las historias de horror en franquicias, aunque desalentadoras, ofrecen lecciones valiosas sobre la importancia de la preparación, la claridad y la comunicación. Al aprender de los errores de otros, los franquiciados potenciales pueden tomar medidas proactivas para evitar caer en las mismas trampas, allanando el camino hacia una operación exitosa y rentable. La clave está en la diligencia debida, la educación continua y el compromiso con los estándares de excelencia.

De las tres franquicias comentadas, tan solo dos han conseguido salir adelante de los problemas que tuvieron. En ambos casos, mediante un cambio de dirección y operaciones para poder recuperar la confianza tanto de los inversores como de franquiciados y clientes.

A continuación veremos de qué forma se puede recuperar una marca franquiciada cuando se encuentra en alguna de estas situaciones o varias de ellas.

RECUPERACIÓN DE FRANQUICIAS: ESTRATEGIAS PARA SUPERAR EL FRACASO

El camino hacia el éxito en el mundo de las franquicias no está exento de obstáculos, y el fracaso puede ser una parada dolorosa pero educativa en ese viaje. Sin embargo, con la estrategia adecuada y un enfoque resiliente, es posible recuperarse y emerger más fuerte. Aquí se exploran varias tácticas para superar los reveses y revitalizar tu franquicia.

1. REEVALUACIÓN Y AJUSTE DEL MODELO DE NEGOCIO

Realiza un análisis exhaustivo para identificar las áreas de ineficiencia o los aspectos del modelo de negocio que no están resonando con tu mercado objetivo. Esto puede incluir ajustes en la oferta de productos/servicios, optimización de operaciones para reducir costos o la introducción de innovaciones que mejoren la experiencia del cliente.

Beneficio

Estos ajustes pueden revitalizar tu franquicia, haciéndola más atractiva para los clientes y más rentable a largo plazo.

2. RENEGOCIACIÓN DEL CONTRATO DE FRANQUICIA

Si las condiciones actuales del contrato de franquicia están limitando tu capacidad para operar eficazmente o adaptarte al mercado, discute con tu franquiciador la posibilidad de renegociar términos más flexibles o apoyo adicional.

Beneficio

La renegociación puede aliviar las presiones financieras y proporcionar mayor libertad para adaptar la franquicia a las necesidades del mercado local.

3. *REBRANDING* O CAMBIO DE DIRECCIÓN

En casos donde el modelo de franquicia actual no es viable, considera un *rebranding* o la exploración de diferentes modelos de negocio que puedan ser más adecuados para tu mercado y tus habilidades.

Beneficio

Un cambio de dirección puede abrir nuevas oportunidades de mercado y revitalizar el interés en la franquicia.

4. EDUCACIÓN Y FORMACIÓN CONTINUA

Invierte en tu desarrollo profesional y el de tu equipo a través de cursos, talleres y seminarios que mejoren las habilidades de gestión, servicio al cliente y operaciones.

Beneficio

La formación continua puede mejorar significativamente la eficiencia operativa y la calidad del servicio, lo que a su vez puede aumentar la satisfacción del cliente y la rentabilidad.

5. BUSCAR ASESORAMIENTO Y MENTORÍA

Aprovecha las redes de apoyo empresarial, los consultores de negocios o un mentor con experiencia en franquicias para obtener consejos prácticos y orientación estratégica.

Beneficio

El asesoramiento y la mentoría pueden proporcionar perspectivas valiosas y soluciones innovadoras a problemas complejos, además de ofrecer apoyo moral durante los períodos difíciles.

La recuperación de un fracaso en una franquicia requiere introspección, adaptabilidad y acción decisiva. A través de la reevaluación del modelo de negocio, la renegociación de contratos, la posible reinvención, la inversión en formación y la búsqueda de asesoramiento externo, es posible superar los desafíos y posicionar tu franquicia para el éxito futuro. Mantener una actitud positiva, aprender de los errores y estar dispuesto a implementar cambios significativos, son claves para transformar los reveses en oportunidades de crecimiento y éxito.

En conclusión, mientras que el lado oscuro de las franquicias puede ser desalentador, también ofrece lecciones valiosas sobre la importancia de la preparación, la adaptabilidad y la gestión proactiva. Con la mentalidad correcta y las estrategias adecuadas, los franquiciados pueden superar los contratiempos y pavimentar el camino hacia un negocio próspero y rentable.

CAPÍTULO 10
Y SI QUIERO CREAR MI PROPIA MARCA DESDE CERO, ¿QUÉ?

Si has llegado hasta aquí, te habrás podido dar cuenta de que el modelo de franquicia tiene muchas ventajas a la hora de emprender, ya sea para el autoempleo de una pequeña franquicia donde estarás tú solo hasta el que necesitará contratar gente. Incluso como inversión.

Sin embargo, no podrás considerarte «el jefe». Al final serás tu «propio jefe», como responsable de tu negocio, donde podrás aplicar una serie de normas que te permitirán ser más flexible y no tener que dar demasiadas explicaciones. Pero siempre estarás expuesto a tener que seguir unas normas impuestas por la franquicia y supeditarte a lo que digan.

A pesar de ello, cabe destacar cuáles son las ventajas de elegir este modelo de emprendimiento, siempre y cuando hayas elegido bien la franquicia siguiendo los pasos que se han descrito en este libro

- **Modelo de negocio probado**: las franquicias ofrecen un modelo de negocio probado y establecido que ha demostrado ser exitoso en diferentes ubicaciones. Esto reduce el riesgo asociado con el lanzamiento de un negocio nuevo desde cero.
- **Soporte y capacitación**: los franquiciadores suelen proporcionar un amplio soporte y capacitación a los

franquiciados, lo que incluye formación inicial, asistencia en la selección del sitio, *marketing* y publicidad, y apoyo continuo en la gestión del negocio. Este respaldo puede ser de gran valor para aquellos que son nuevos en el mundo empresarial.

- **Reconocimiento de marca**: muchas franquicias son marcas reconocidas a nivel nacional o incluso internacional, lo que puede generar confianza y lealtad entre los clientes desde el primer día. Esto puede acelerar el crecimiento y la rentabilidad del negocio, ya que no es necesario construir la marca, con todo lo que conlleva.
- **Economías de escala**: al ser parte de una red de franquicias, los franquiciados pueden beneficiarse de economías de escala en la adquisición de suministros, *marketing* conjunto y otras actividades comerciales. Esto puede ayudar a reducir costos y aumentar la rentabilidad.
- **Menor riesgo**: en general, abrir una franquicia implica un riesgo menor que comenzar un negocio desde cero, ya que se opera bajo un modelo de negocio comprobado y se cuenta con el respaldo y la experiencia del franquiciador. Esto puede ser especialmente atractivo para aquellos que son nuevos en el emprendimiento o que desean minimizar el riesgo financiero.

Bien, crear una marca desde cero también tiene varias ventajas en comparación con unirse a una franquicia:

- **Libertad creativa y control**: al crear una marca propia, los emprendedores tienen total libertad creativa para desarrollar un concepto único, establecer la visión y la identidad de la marca, y tomar decisiones estratégicas

sin estar limitados por los estándares y procedimientos establecidos por un franquiciador.
- **Flexibilidad y adaptabilidad**: los propietarios de marcas pueden adaptar su negocio a medida que evolucionan las necesidades del mercado, sin estar vinculados a las políticas y procesos establecidos por una franquicia. Esto les permite innovar, experimentar y ajustar su enfoque según sea necesario para mantenerse competitivos.
- **Potencial de crecimiento ilimitado**: aunque abrir una franquicia puede ofrecer un camino más rápido hacia la expansión, crear una marca propia ofrece un potencial de crecimiento ilimitado. Los propietarios de marcas pueden escalar su negocio a su propio ritmo y en la dirección que elijan, sin estar limitados por territorios exclusivos o reglas de la franquicia.
- **Mayor margen de beneficio**: aunque iniciar una marca desde cero puede requerir una inversión inicial más alta y más esfuerzo para construirla y establecer el negocio, a largo plazo puede ofrecer un mayor margen de beneficio, ya que no se comparte con un franquiciador.
- **Construcción de patrimonio empresarial**: crear una marca propia permite a los emprendedores construir un patrimonio empresarial único y personal, que puede tener un valor significativo en el futuro. Esto incluye el desarrollo de activos intangibles como la reputación de la marca y la lealtad del cliente, así como la propiedad de la marca misma.

Aquí sí serás tu propio jefe y no tendrás que pedir permiso a nadie, tendrás absolutamente todo el control de lo que ocurre en tu negocio. Esto puede ser muy atractivo para cualquier emprendedor. Sin embargo, hay que ser muy consciente de que el riesgo es mucho mayor.

Eso sí, elijas lo que elijas, tienes que estar dispuesto a sacrificar muchas cosas.

«Todos los inicios son duros, en cualquiera de sus opciones».

CONSTRUYENDO UNA MARCA

El éxito y la sostenibilidad de una marca dependen en gran medida de la fuerza y el reconocimiento. Una marca fuerte no solo atrae a clientes y franquiciados potenciales, sino que también establece una promesa de valor que se espera en cada interacción.

Para construir una marca sólida, es importante seguir algunos pasos clave:

Definir la identidad de la marca: esto implica establecer la misión, visión y valores de la marca, así como su personalidad y tono de voz. Es importante que la identidad de la marca sea coherente en todos los puntos de contacto con los clientes y franquiciados.

Desarrollar una propuesta de valor única: la propuesta de valor de la marca debe destacar lo que la hace única y cómo beneficia a los clientes y franquiciados. Debe ser clara, relevante y convincente.

Crear una imagen de marca coherente: esto incluye el diseño del logotipo, los colores, la tipografía y otros elementos visuales que representan la marca. Una imagen de marca coherente ayuda a aumentar el reconocimiento y la confianza en la marca.

Comunicar la marca de manera efectiva: utilizar estrategias de *marketing* y comunicación para difundir el mensaje de la marca y conectarse con el público objetivo. Esto puede incluir publicidad, relaciones públicas, *marketing* de contenidos y presencia en redes sociales.

Mantener la consistencia y la calidad: es fundamental mantener la consistencia en todos los aspectos de la marca, desde la experiencia del cliente hasta la calidad de los productos o servicios ofrecidos. La calidad y la coherencia ayudan a construir la confianza y la lealtad del cliente. Para ello es recomendable crear el libro de estilos (*brandbook*) de la marca.

CALIDAD DEL PRODUCTO O SERVICIO

Mantener un compromiso inquebrantable con la calidad, asegurando que los productos o servicios ofrecidos cumplan o superen las expectativas de los clientes en todas las ubicaciones.

¿Cómo? Establecer procesos de control de calidad rigurosos y brindar formación continua al personal para garantizar la excelencia operativa. Escuchar activamente el *feedback* de los clientes y utilizarlo para hacer ajustes cuando sea necesario.

COMPROMISO CON LA INNOVACIÓN

La adaptabilidad y la capacidad de evolucionar con las tendencias del mercado son cruciales para mantener la marca relevante. Esto puede implicar desde la actualización de productos y servicios hasta la adopción de nuevas tecnologías.

¿Cómo? Fomentar una cultura de innovación que aliente a los franquiciados y empleados a compartir ideas para mejorar. Implementar programas de I+D para explorar nuevas ofertas y tecnologías emergentes.

COMUNICACIÓN EFECTIVA

Desarrollar una estrategia de comunicación que refuerce la identidad de la marca y construya una conexión emocional con los clientes. Esto incluye el *marketing* tradicional, digital y las interacciones en redes sociales.

¿Cómo? Crear campañas de *marketing* que resalten los valores y la propuesta única de valor de la franquicia. Personalizar la comunicación en los mercados locales para abordar específicamente las necesidades y preferencias de la audiencia local.

DIFICULTADES CON LAS QUE PUEDES ENCONTRARTE AL CREAR TU MARCA Y PRODUCTO

En esencia, vas a tener que hacer el mismo ejercicio que si estuvieras investigando a una franquicia, pero en esta ocasión vas a tratar de conocer quiénes son tus competidores, con el objetivo de entender cuál es el ecosistema en el que vas a tener que moverte.

Competencia en el mercado: entrar en un mercado saturado con competidores establecidos puede dificultar la diferenciación de tu marca y la captura de cuota de mercado.

Es importante diferenciarse y tratar de adaptar los valores de esta nueva marca a las crecientes demandas que haya en el mercado para conseguir una aceptación por parte de tu público objetivo.

Requerimientos financieros: el financiamiento inicial necesario para desarrollar, producir y comercializar productos puede ser significativo, y obtener financiamiento puede ser difícil, especialmente para emprendedores sin historial crediticio o garantías.

Además, esto tiene un coste mayor al tener que realizar la inversión por completo para desarrollar todos los elementos.

Desarrollo de productos: desde la conceptualización hasta la producción, el desarrollo de productos de calidad que satisfagan las necesidades y expectativas de los clientes puede requerir tiempo, recursos y experiencia en diseño, ingeniería y fabricación.

Te puedes encontrar con dificultades para dar con el proveedor que satisfaga tu estándar de calidad, y para dar con él vas a tener que probar todos los productos. Seguramente muchos de ellos no te agraden y debas desechar esos productos que parecían dar mucho margen.

Además, tendrás que asumir que la personalización de tu producto aumentará los costes, al requerir un pedido mínimo mayor, que además hará que tengas un *stock* y necesidades de almacenaje diferentes.

Al tener costes mayores, para ser competitivo debes tomar nota sobre la importancia de diferenciarse para hacerse con ese hueco en el nicho de mercado correspondiente y poder mantener márgenes que permitan alcanzar el punto muerto en el negocio y seguir creciendo.

Es recomendable buscar varios proveedores, no todos tienen que proporcionarte todo, tan solo quédate con el producto que cumpla los estándares de calidad que te hayas fijado.

Logística y distribución: establecer una cadena de suministro eficiente y una red de distribución confiable puede ser complicado, especialmente para productos físicos que requieren almacenamiento, transporte y entrega.

Deberás tener un control de tu capacidad de ventas y los plazos de entrega de los mayoristas. Además, tener especial cuidado con los pedidos mínimos. Hay mayoristas que solo te cobran portes si no llegas al pedido mínimo, y hay otros que, si no les haces un pedido de un importe mínimo fijado, no van a servirte el producto.

***Marketing* y promoción:** dar a conocer tu marca y productos en un mercado ruidoso puede ser desafiante. Requiere estrategias efectivas de *marketing* y promoción que lleguen a tu público objetivo de manera efectiva y persuasiva.

La gestión puede ser muy complicada. ¿Vas a querer montar una web? ¿Quieres vender a través de ella? ¿Quién va a gestionar el posicionamiento web en los buscadores? ¿Harás campañas de pago? ¿Te abrirás una cuenta en redes sociales para dar a conocer tu producto? ¿Vas a contratar a una agencia/*freelance* o lo vas a hacer tú? Y lo más importante: ¿vas a ser constante?

El principio puede ser muy abrumador, y seguramente pienses que puedes llevarlo a cabo mientras estás en tu negocio y viene gente. Si bien es cierto que puedes realizar contenidos y actualizarlos tanto en redes como en tu web, es más que probable que acabes dejándolo si no ves que funcione, y sin embargo lo que haya ocurrido es que no has dado con la tecla.

Puedes ayudarte con el Kit Digital, pero ten en cuenta que los 2.500 € que pueden ofrecerte no te van a salvar la vida. Estoy viendo empresas que ofrecen el Kit Digital con el servicio de visibilidad *online* que apenas hacen nada para realmente mejorar la visibilidad *online*. Asegúrate de contratar una empresa que se preocupe por tu negocio y que no busque únicamente coger los 2.500 € del Kit Digital e irse. No se ponen en valor porque no salen de nuestro bolsillo y muchos lo saben.

Si tienes un negocio local, deberás ejecutar acciones de *marketing offline* como las que hemos comentado en el capítulo correspondiente, donde seguramente necesites la ayuda de un diseñador para crear *flyers*, por ejemplo.

¿Cómo puedes conseguir opiniones para tu negocio? Puedes usar un QR o incluso un NFC para guiar a los clientes a la sección de escribir una reseña para tu negocio.

¿Cómo puedes conseguir *e-mails* para tus clientes? Puedes incluir una *tablet* en tu negocio conectada a un Google Forms o un TypeForm para conseguir información como el *e-mail* y los productos que les interesan a cambio de un descuento. Con ello conseguirás estar conectado con tus clientes para poderles ofrecer promociones especiales que sean de su interés al poder segmentar cada uno de ellos.

Gestión de riesgos: los riesgos empresariales como cambios en la demanda del mercado, fluctuaciones en los costos de los insumos y cambios en las regulaciones gubernamentales, pueden afectar la viabilidad y rentabilidad de tu negocio.

Por ejemplo, en el caso de una empresa de alimentación donde prepares tus propias bolsas de café tras comprar el grano a un distribuidor y manipularlo, deberás contar con un registro sanitario y aplicar de forma correcta el etiquetado de productos. Especialmente hay que tener cuidado con los productos para consumo humano que impliquen su ingesta.

Gestión operativa: la gestión diaria del negocio, incluida la contratación y capacitación de empleados, la gestión de inventario, la atención al cliente y la contabilidad, puede ser abrumadora, especialmente para emprendedores novatos.

Enfrentar estas dificultades requiere planificación, perseverancia, creatividad y una estrategia sólida. Además, buscar orientación y apoyo de profesionales, mentores y organizaciones empresariales puede ayudarte a superar los obstáculos y aumentar las posibilidades de éxito en tu aventura empresarial.

LISTA DE RECURSOS Y HERRAMIENTAS ÚTILES PARA EMPRENDEDORES

1. ASOCIACIONES DE FRANQUICIAS:

- International Franchise Association (IFA): ofrece recursos, eventos y programas de formación para franquiciadores y franquiciados.
- Asociación Española de Franquiciadores (AEF): proporciona información, asesoramiento y apoyo a franquicias en España.

2. HERRAMIENTAS FINANCIERAS:

- QuickBooks: *software* de contabilidad diseñado para pequeñas y medianas empresas.
- Excel o Google Sheets: para crear proyecciones financieras y seguimiento del flujo de caja.

3. PLATAFORMAS DE GESTIÓN DE RELACIONES CON CLIENTES (CRM):

- **Salesforce**: ofrece soluciones de CRM para gestionar las relaciones con los clientes y potenciar las ventas.
- **HubSpot**: una plataforma de *inbound marketing*, ventas y servicio al cliente.

- **Pipedrive**: una plataforma CRM centrada en la gestión de ventas, muy interesante para departamentos comerciales que requieran ofrecer un seguimiento de presupuestos. Mucho más económica que las anteriores.

4. HERRAMIENTAS DE *MARKETING DIGITAL:*

- **Mailchimp**: plataforma de *marketing* por correo electrónico para gestionar campañas y comunicaciones con clientes. O bien usar **Acumbamail**, una empresa española que ofrece el mismo servicio a muy buen precio.
- **Metricool**: herramienta para gestionar y programar publicaciones en redes sociales. Es sin duda la mejor herramienta del mercado a día de hoy para que tus redes sociales luzcan como es debido.
- **Localboss** APP: es una herramienta indispensable para gestionar las opiniones de los clientes en Google Maps. Uno de los lugares más consultados por los clientes a la hora de decidir ir o no a un lugar.
- **Canva**: herramienta de diseño muy fácil de usar que te permitirá realizar todo tipo de diseños; dispone de una opción gratuita y una versión de pago.
- **Semrush**: *suite* de herramientas de *marketing* digital que incluye funciones de análisis de la competencia, investigación de palabras clave, seguimiento del posicionamiento en buscadores (SEO) y análisis de tráfico web
- **Sistrix**: una plataforma de análisis y herramienta de SEO que proporciona datos y métricas clave para mejorar el rendimiento de un sitio web en los motores

de búsqueda. Ofrece una variedad de funciones, como análisis de visibilidad, seguimiento de palabras clave, monitoreo de la competencia, auditorías de sitios web y más.

- **SimilarWeb**: una plataforma de análisis de datos que proporciona información detallada sobre el tráfico y el rendimiento de los sitios web y aplicaciones móviles. Permite a los usuarios obtener *insights* sobre el tráfico web, las fuentes de tráfico, las métricas de compromiso, las tendencias de búsqueda orgánica y paga, la segmentación demográfica de los visitantes, entre otros datos relevantes. También ofrece herramientas de análisis de la competencia, permitiendo a los usuarios comparar su desempeño con el de otros sitios web y aplicaciones en su industria.
- **Google Forms o Typeform:** herramientas para crear formularios y poder recoger *feedback* de tus clientes o información de ellos.

5. FUENTES DE INFORMACIÓN Y EDUCACIÓN:

- Coursera y Udemy: ofrecen cursos en gestión de negocios, *marketing* digital, finanzas y más.
- Libros y publicaciones específicas del sector.

Made in United States
North Haven, CT
10 November 2026

22084236R00074